不做討厭的事，也能活得很好

嫌なこと、全部やめても生きられる

三千人争相請吃飯也要聆聽的另類人生觀

被請客專家 中島太一 著

胡靜佳 譯

目錄

第三章

關於精神層面跟人際關係之類的事

前言

你好，我是被請客專家

請容我冒昧發問，你是否曾有過「用別人的錢大口吃肉」「不想工作又想輕鬆生活」的想法？

我有過這種想法，應該說，我每天都這樣想。

「不做不想做的事」「好討厭每天搭著人擠人的大衆運輸上班」「如果要我找工作寧可死一死算了」「不想上班」「多希望光是吃飯就能被誇獎」……每到夜深人靜時，這樣的心情便有如上天的啓示般翩然而降。你也有過這種來自上天的啓示吧？如果有，那你就來對地方了。

這本書就是爲了「覺得人生好累」「好想爽爽過日子」「根本做不到提升自我、努力奮發向上這種事」的人，是爲了辛苦地勉強走到今天、竭盡全力活到現在已是極限的人寫的。我想告訴你們也有像我這樣的生存方式，希望我的生活態度與價值觀可以幫得上忙。

在這裡，先簡單自我介紹。

我現在二十五歲，十九歲自某大學理工系讀了半年就退學，在幾乎沒什麼錢的狀態下，去歐洲玩了三個月。在捷克的布拉格，我曾被藥物中毒的癮君子拿著刀追趕；在一時興起攀登的不知名雪山遭難，瀕死一瞬間；在奧地利的維也納中央車站，跟難民一起從垃圾堆中找食物果腹。因爲沒錢，就一路搭順風車移動，然後在偶然到訪的鄉下小鎮遇到一個女孩，認識兩個禮拜就結婚了（目前已離婚）。

回到日本後以「被請客專家」的身分，透過推特每個月大約接受五十到六十人請吃飯，這樣的生活維持了三年多。也就是說，「用別人的錢大口吃肉」就是我現在的工作。沒錯，我用別人的錢溫飽度日。這樣說明，可以大致了解我這個人了吧。

我經常被問到：「怎麼想到要當被請客專家呢？」

對我來說，這只是順其自然生活所產生的結果罷了，我並不覺得有什麼特別。

從歐洲回來之後，不知爲何有很多「朋友的朋友的朋友」對我有興趣，「我請你吃飯，出來聊聊」的請客邀約絡繹不絕。抱著因爲有飯吃所以見個面也沒差的態度，於是我幾乎每天都在跟某某人見面、在變成朋友的某某人家中過夜。

接著，「只要請他吃飯就能見面，他很有趣喔」「就算花錢請客也有一會的價值」「你也去聯絡看看」，這樣的口碑開始發燒；從某一天開始變成「那個人啊，靠著被人請客過活耶！超妙」「我也想請他吃飯」「用推特私訊看看」，口碑蔓延到完全不認識的人。這就像完全沒有任何目的、只是自然生活的未開發國度之人，有一天突然被先進國家的人發現「他們還在獵獅子好好笑」，人氣莫名飆漲。老實說，我也喜歡獵獅子的人。

來龍去脈大致上就是這樣，我就這樣成爲了「被請客專家」。而在這些請客的人當中，有許多個性有趣又特別的對象，如果見過面就忘記似乎太浪費，所以我思考著有沒有什麼能輕鬆隨手記錄下來的方法。

於是，我開始把這些請我吃飯的人的趣聞寫在推特上——「前幾天有個對心臟感到興奮的心臟狂請我吃飯」「這是一個財產被抵押而開始打工生活的人告訴我的故事」，推特的追蹤人數漸漸增加到將近十萬人。假設追蹤人數一〇%的人，一人請我吃一次飯的話，接下來的十五年我都不愁沒飯吃。當然這只是一個很中二的假設。

隨著追蹤人數增加，想請我吃飯的人變多了。相對的，因爲追蹤人數增加，不能暢所欲言的情形也變多。我的個人資訊曝光是理所當然，請客對象因不想曝光而希望我不要寫在網路上的狀況也越來越多。現在的社群網路彷彿充滿飢渴動物的熱帶草原，一點點莫名其妙的小火就會燎原，所以我能理解大多數人不希望曝光的心態。以前我曾因上傳一張拿筷子的照片，遭受筷子軍團撻伐，「連筷子都拿不好」「看得出來沒家教」「不會拿筷子就移民吧」。網路的世界眞的很可怕。

因爲網路變得危險，我改爲上傳比較不痛不癢的內容，同時開始在付費閱讀網站上傳可能會被攻擊的文章。也就是說，在推特上不能說的事情，都寫在付費的閱讀網站裡。

也因爲如此，只是被請客，然後把請客對象的趣事當作日記寫在付費閱讀網站上，每個月就會有將近三十萬元以上的收入匯進我的戶頭，於是我也漸漸變成莫名其妙的人了。而這樣莫名其妙的我，竟有出版社的高層跑來，請我一定要在他們那裡出書，於是這本書就誕生了。

「你每個月賺那麼多錢，應該住在高樓豪宅吧？」或許會有人這樣想，但並非如此。

變有錢之後，唯一改變的，大概是從原本每晚住在不同人家裡，到現在終於有了月租一萬多元的套房了。喔，還有，有能力養一隻流浪貓，以及可以常常去洗三溫暖吧。

不是我想花錢但忍著不花，只是單純沒有那麼多欲望而已。因爲就算住在高樓豪宅，你的人生也不會因此變得有趣，反而要爲了等那個又臭又長的電梯而煩躁。不管你的臥室多豪華，關了燈睡覺同樣是一片漆黑；不管你的廚房多寬敞，若非每天開派對也只是浪費；不管你的房間有多大，不過徒增下床上廁所的距離；不管你的衛浴有多棒，花了那麼多錢也只是爲了拉坨屎。所以，高樓豪宅跟小套房沒有什麼差別，那當然是便宜的比較好啊！想花越多錢，代表你得賺越多錢，而要賺更多的錢，代表人生中得增加許多你「討厭的事情」。

像我，就絕對不想做討厭的事，所以在社群網路上經常被不認識的人謾罵，「乳臭未乾的小子」「以爲自己做的事情都是對的嗎」「反正大家馬上就會膩了」「去死」等誹謗中傷不計其數。

不過，我也沒有因爲這樣而感到難過或受傷。我甚至覺得「大家怎麼那麼生氣好好笑」「原來大家生活得很苦啊」「大家一起不要做討厭的事就好了嘛」「要消除掉所有討厭的事情可能不容易，但若是能減少比例也不錯」，不只我自己過得爽，我希望可以幫助更多人不再活得那麼辛苦。

透過這本書，跟大家分享我這種有點不一樣的「金錢觀」「工作論」「人生觀」「生活態度」「人際關係」，希望可以幫你們的人生減少一點點討厭的事情，活得更輕鬆。如果能讓你覺得「我的人生好豐富啊」，那就太好了。

你不需要變成有錢人或成爲網紅，也不需要擁有很多朋友或是追蹤人數，就可以豐富自己的人生。希望這樣的訊息可以傳達給拿起這本書的每一位讀者。

第一章 關於錢跟工作之類的事

被請客專家
@taichinakaj

前陣子有個在軍隊工作的人請我吃飯時提到，日本自衛隊對於情報洩漏的處理相當嚴謹。據説有自衛隊的歐吉桑因為看到猩猩，興奮地發了一條附上猩猩照片的推文説「有猩猩耶」，就因「可能洩漏軍備位置」而遭國防部的情報部隊逮捕，然後被革職了。我很喜歡這個故事。

被請客專家
@taichinakaj

之前請我吃飯的人對稅金制度研究得很透澈。這個從未繳過稅金的「零納稅額男」跟我說，「稅金政策就跟『遊戲王』一樣，就看你每一年怎樣指定禁止卡、誕生新卡，來制定符合目前環境的最強卡片」「沒有其他事物比得上節稅所得到的快樂」「財務報表就是藝術」，沒看過這麼瘋的。

就算沒錢，也不會不安的理由

被請客專家
@taichinakaj

動不動就說人生有很多煩惱的人，大多是金錢煩惱的標準很低的人。我的銀行戶頭大多時候只有六千元，但我從不曾因為沒錢而煩惱。很多人覺得要是一個月沒有六萬元就活不下去，所以才會煩惱。

大家好，再次自我介紹，我是被請客專家。持續被請客的生活之後，也多少知道大家在初次見面時絕對會問我的問題，而當中大多是關於金錢。「你的生活費呢？現在可能過得去，以後呢？」像這樣的問題。

如果要爲這問題準備一個簡潔的答覆，就是「欸~我完全沒想過這個問題耶」。

之所以這樣說，是因爲即使銀行戶頭沒錢，我也不會覺得不安。但是多數人好像都會感到惶恐。我跟多數人的差別到底在哪裡呢？

從結論來說，就是**我透過金錢以外的「某樣東西」來讓自己安心**。雖然已經持續被請客的生活兩年以上，但在一年前，當我的追蹤人數還沒那麼多、網站訂閱人數也很少的時候，說實話眞的賺不到什麼錢。但當時，我還是沒有不安或悲苦的情緒。

我認爲，在我們目前生存的世界，即使你沒有很多錢、經商失敗，也不會死。也就是說，不管怎樣其實你都活得下去。

生存的底線就是有得吃有得住，吃住問題只要想辦法都能從旁得到幫助。拿我這個比較極端的例子來說，有人請吃飯，沒有固定的居所、在許多人家遷徙著，完全不需要用到錢。只要有「從旁獲得」的想法，你就會發現生活中不太需要花錢。當你將生存成本縮到最小，也就不用爲了錢勉強自己「做什麼」。跳脫

「爲了錢而做」的想法之後，思考有沒有錢的次數也減少了。

金錢是安心的一種象徵。以我來說，就算不直接收取金錢，靠著身邊的人跟社會所預備的安全網，我就能感到安心。獲得想要的東西才能感到安心，所必須付出的代價如果是金錢的話，僅憑身邊的人與社會結構，多多少少我還是能獲得想要的東西，而這些想要的東西當中也包含了金錢。所以實際上，我不需要有錢，也不會感到不安。我的邏輯就是這樣。

沒有錢就不安是因爲安全感不夠

想到錢就會莫名感到不安的人，不是因爲錢不夠，而是安全感不夠。

爲什麼你會感到不安呢？試著深掘根源看看吧。

比方說，「將來想要買房子但存款不夠」「男朋友收入不高，對婚後的生活感到不安」等，與現實生活產生具體連結的金錢煩惱，先思考有沒有解決的方法。話說回來，爲什麼一定要買房子呢？思考其他的妥協方案，比方說「換一個收入高的男朋友」也可以啊。不過，對於不安有具體原因的人想必不多，大部分人感到的不安都是很模糊的。

我想說的是，對於金錢感到的茫然與不安，再怎麼煩惱也於事無補，更不會有任何收穫。

當你看到理財書或是家庭經濟調查而莫名感到焦慮時，你會從今天開始馬上投資嗎？絕對沒有人會這麼做吧。所以再怎麼煩惱都是浪費時間。**被金錢的不安牽著鼻子走，而喪失日常中的一些小樂趣，我認為這才是最大的損失**。不管你煩不煩惱，錢的多寡、現狀都不會有所改變。對我來說，去在意這些問題才累人。

即使銀行戶頭沒有錢，只要有吃的食物、有住的地方，人還是能活得好好的。在現今社會，只要不是特別的突發狀況，人沒那麼容易死掉。**如果你覺得賺錢很累，那就戒掉會花錢的娛樂**。

總之，對我來說，只要有飯吃、有地方睡覺，又能不做討厭的事，這樣的生活就很好了。

被請客專家語錄

- 沒錢也不會不安是因為透過「某樣東西」來感到安心。
- 思考讓你不安的具體原因與解決方法。
- 煩惱金錢而感到茫然與不安，也不會有任何收穫。

用存款這個「罐頭」來讓自己安心是件很奇怪的事

被請客專家
@taichinakaj

不懂得正確花錢的人越喜歡存錢，也越不懂得怎麼使用金錢；而懂得正確花錢的人越會花錢，也越懂得怎麼使用金錢，這就是社會結構的落差。在現今社會，這種現象完全一目了然。錢，你不花就只是一張紙而已。

我常被問：「你有存錢嗎？」

先說答案，我沒有。但就結論來說，我有多餘的錢。我不覺得有必要爲了「存錢」，而犧牲日常生活或工作。

之前我在《跟不用謝謝也不用對不起的森林住民一同生活的人類學家思考的事》（ありがとうもごめんなさいもいらない森の民と暮らして人類学者が考えたこと，奥野克己著）中，讀到一段有趣的敘述。那本書的內容是觀察在檳城生活的民族與現代社會的差異，重新審視現代人的價值觀與常識。檳城人對「持有物」的想法，跟我們存款的概念有共通點。

書中寫道：「狩獵民族爲了確保財產的穩定，在克服死亡的恐懼時產生了農業。也就是說，透過農業革命，人們可以獲得穩定的財產並開始持有。之後，財產成爲確定的物品，持有物也逐漸穩固。結果，面對失去持有物的恐懼也因此誕生。」

也就是說，人們一開始覺得「只要持有就安心了！擁有東西最棒了！耶！」，後來卻變成「擁有太多東西了，持有變得好可怕，要是沒有就活不下去……」；這就跟幸福的情侶太過依賴對方而變得病態一樣，占有欲越強，害怕失去對方的恐懼就越大。

對多數人來說，最想擁有且最害怕失去的東西，應該就是金錢或存款吧。金錢在銀行戶頭以數字展現存在感，讓人感到安心，要是沒有了就會不安。這樣看來，無論你擁有多少錢，只要消費活動成比例增加，不安就沒有結束的一天。對擁有的意識越強烈，害怕失去的恐懼也會越巨大。

「害怕失去擁有的」是多數現代人開始存錢的原因。**本來擁有金錢是一件快樂的事情，但如果是害怕失去才擁有的話，真不知道是存款多比較幸福還是存款少比較輕鬆了。**不管怎麼說，擁有金錢需要相對的成本。我認爲將自己的安全感放在「存款」上，是一種滿麻煩的生活方式。

存款金額＝家裡擁有幾個防災罐頭

基本上，我的生活大概是被人請客、更新推特跟閱讀網站的文章，或是看書，所以幾乎花不到什麼錢。硬要說的話，錢花最多的就是洗三溫暖了吧。有一間三溫暖我很喜歡，爲了洗三溫暖需要一定程度的費用。還有，最近我開始上健身房，所以也需要費用。這樣寫出來，好像我是個很注重身體健康的人。

我每個月的花費大約就是這些，所以也不會一直確認現在戶頭裡面有多少錢。

但是我也得解釋一下，我並不是要鼓吹什麼極簡生活，或是推薦大家這種極端的生活方式。前面我提到，人只要有吃有住就死不了，但即使是這樣的我，每天打開冰箱若都是空空的也會難過，我也想保有明天、後天可以吃的食物跟金錢。

對於基本需求以上的存款，就當作防災罐頭就好。但這樣的話，存款金額不就變成看家裡擁有幾個防災罐頭的比較了嗎？如果是古早時代，家裡面沒有罐頭可能會餓死，因爲有死亡的危機，所以擁有罐頭變成生存的一項重要指標。

但在現代社會，要遇到餓死的危機太難了。即使不準備保存期限長達數年的罐頭，只要冰箱有充足的食物就夠了。

假使是生病需要錢醫治，社會安全制度也有最基本的醫療支援。當然，爲了活下來，取得平衡還是很重要，所以在適度的範圍內保存防災罐頭是沒問題的。不過，當你累積的防災罐頭越來越多，隨之所產生的責任與義務也越來越大。這樣說好了，在角色扮演的電動遊戲中，有些人不管遇到多驚險患難的時刻，都不敢大方使用恢復生命力的道具，遊戲破關後這些急救工具就只是躺在工具箱裡面而已。所以啊，不管你擁有多少恢復生命力的道具，放在工具箱裡面是你的自由，但不要到故事結束都只是放在工具箱裡嘛！在痛苦的時候拿出來用多好。

被請客專家語錄

- 存款就跟防災罐頭一樣。
- 現代社會不用囤太多罐頭也不會死。
- 存款越多，害怕失去的恐懼就越大。

金錢跟時間相比的話，錢比較重要的理由

被請客專家
@taichinakaj

最近對一件事很感慨。有很多錢的人，被稱為有錢人，在社會上不停被吹捧；有很多時間的人，被稱為閒人，在社會上被大家恥笑。似乎很多人無法理解時間的價值。

在最近的商業書經常可以看到，「時間寶貴」「就算要用錢買也得買下時間」「比起金錢，時間更有價值」等主張。受到那些商業書的薰陶，對時間提高意識的一部分人就會開始說，「好！我也要用錢買時間」「打工一點用也沒有！

一個小時才賺一兩百塊太浪費時間了」「我的時間都是錢」。

對於這些人，我的回應是：「你們的一個小時滑滑手機就沒了，眞的有那麼重要嗎？比一兩百塊還有價値嗎？」

對我來說，確實，一小時比一兩百塊當然還要有價値。這是因爲我並非不賺錢就活不下去，我花一小時玩推特就能創造高於一千元的價値。「時間比金錢更有價値」，這句話本身沒有錯，只是會這樣說的人，都是有時間就能賺到很多錢的優秀人才。他們無視這樣的前提，只是自我感覺良好地說「時間比金錢更重要」，不是嗎？

花一個小時玩手遊也很幸福

總之，我想說的是，能夠說時間比金錢更重要的人，是那些在社群網路發幾條動態就能賺到大把鈔票的人。

當然，不僅限於網路，只要花一小時就能創造價値的人，對那些人來說，時間跟金錢是無法相提並論的。因爲對他們來說，時間眞的就是金錢啊。

我認爲時間比金錢重要的論述，只適用於能將資源最大化的資產家而已。對於資產家來說，花錢買時間是很容易的事，但對一般人來說呢？

像賈伯斯那樣，把每一天活成人生的最後一天，大概只有很小部分的人吧。就算有多餘的時間，多數人也是無所事事地度過。就像星期天大家不會努力學習投資自己，即使多出時間，也絕不會像動不動就將資源最大化的資產家那樣生活。

假使能用一百塊買一小時好了，大部分的人也不會用這一小時把一百塊變成兩百塊，而是將買來的一小時拿去玩手遊。

這也沒什麼不好。將時間用來玩手遊，並且感到幸福的人，我認爲這才是最奢侈的享受。免費的手遊既不花錢又能愉快地消磨時光，而且不管在哪裡都能玩，這不是超開心的嗎？如果你剛好是這種人，請繼續這樣的生活方式。我的重點是，不必像資產家那樣過日子，不用被他們說的話影響。**珍視「創造不出任何價值的時間」，我覺得反而是非常奢侈的生活態度**。對於無法成爲資產家的人來說，時間還是很重要。但若是爲了擁有時間而花費大量的金錢，反而只是浪費。

所以，**沒錢的人，走路比搭計程車好**。搭車省下來的時間，你完成了什麼嗎？發生了什麼愉快的事嗎？而且，還得將搭車省下來的時間所花的錢賺回來吧？

不過，這世上並非所有事情都不划算。比方說便當，應該很多人都能接受這樣的花錢買時間吧？買便當能省下做菜的時間，以及思考要做什麼料理的時間，而且也不用洗碗。便當還很好吃。一個便當一百塊上下就能解決，非常值得花下去。**便當就是個十分符合「買時間」的範例**。爲了使家事變得更有效率，現在很流行鐘點的家政服務，我覺得能讓世上的主婦主夫有喘息的空間，這種服務就該多多使用。

像我，舉凡倒垃圾、打掃、洗衣、洗碗等家事，全部外包也很划得來，因爲要我去做這些事我會瘋掉。

不過，很會做家事又沒錢的人，當然是自己來比較好。審視自己的生活成本與平衡，如果一個月多出五十個小時，你能創造更多盈利，還是都用來玩手遊呢？若是連這點都搞不清楚，就說時間比金錢重要，不太對吧？

我可以做到什麼？做不到什麼？

理清自己做不到的事情，提高能力範圍內的生產力，如此便能漸漸理解如何提升每個小時的資產價值了。

被請客專家語錄

- 就算有一個小時的餘裕，大多數人也無法產出什麼價值。
- 除非你是資產家，不然金錢比時間重要多了。
- 珍視無法產出任何價值的時間，也是很幸福的生活方式。

當你思考一個東西划不划算時，就代表你不需要

被請客專家
@taichinakaj

之前一個喜歡到處認乾爹的女大學生請我吃飯，她說：「不管乾爹帶我去吃多貴的壽司或多高級的法國料理，跟不喜歡的人一起吃高級又時髦的餐廳，不如跟喜歡的人一起吃便利商店的肉包還更美味。」這是真理。

我很喜歡划算或不划算的思考比較，因爲划算與否跟好壞無關，不受主觀的意見影響。以客觀事實去判斷CP值高不高，我覺得可以避免做出錯誤的決定。

好與壞大多取決於自己的價值觀，若以客觀的角度來看，你所認定的好壞，有部

分都是不正確的判斷。

但要說划算與否跟ＣＰ值的高低在人生占了多重要的位置，又是另一回事了。因爲每個人眞正想要的，都源於個人的欲望。

比方說生養小孩，在經濟面上只有扣分，很明顯一點都不划算，但大家還是毫不猶豫地生孩子，並不會有人考慮到ＣＰ值的多寡。所以**對於真正喜歡的事物，我們會拋棄划不划算的觀點，單純以喜歡或討厭去做最後的判斷**。可是當你對一件事物產生了划算與否的思考基準時，這個東西的魅力便僅限於「划算」了；如果ＣＰ值又很低的話，這樣東西會立刻變得毫無魅力可言。也就是說，**當你開始思考一樣東西划不划算時，代表你根本就不怎麼喜歡，這東西對你來說也不重要**。因此對我們人類來說，無關緊要的東西，都習慣用划算與否去判斷。

而對我來說，會讓我立刻浮現「ＣＰ值也太低了吧」的東西，就是豪宅。我曾經住過一次豪宅，有兩臺電梯所以很複雜，從進入大門到眞正抵達房間要花十分鐘，到底有什麼好？而且漂亮的透明浴室，很難放鬆泡澡吧？連上個廁所都會被看光光，重點是還貴得要命。所以豪宅對我來說一點吸引力也沒有，從ＣＰ值的角度思考也很不怎麼樣。但是對豪宅有幻想而努力工作的人、爲了住豪宅努力存錢的人，對他們來說CP值便一點也不重要。因爲是取決於喜歡跟不喜歡。所以不管別人怎麼說，即使再不划算，對於喜歡住豪宅的人來說，這就是一樁好買賣。

結果CP值只取決於喜歡還是討厭

這邊先離題一下。最近我對於CP值的使用方式經常感到不可思議，所以想說明一下。

CP這句話的意思是「cost performance」，也就是成本的金錢換算體驗，但好像不只是這個意思吧。當然，金錢也包含在成本裡面，用金錢換算體驗時，以「換算成金錢會是多少」去想就很容易理解。但成本並不只是金錢，還包含了時間、勞力及個人所付出的多重成本；而在換算體驗時，判斷一件事物有多少價值，又取決於每個人的價值觀，所以**我們無法定義他人的CP值**。如果只將金錢面的成本當作成本，也太沒有想像力了，這樣從未住過豪宅的我，說豪宅CP值低，豈不是太自以爲是了嗎？

有無魅力也是很主觀的判斷，端看你喜不喜歡而已。我很喜歡洗三溫暖，如果有沒電視、水與溫度都符合我的喜好的三溫暖，即使洗一次要三千元我也願意。但對別人來說，怎樣的三溫暖根本無所謂。對其他人來說，三溫暖有電視不是很好嗎？對你來說，可能因爲洗一次要兩百元，覺得CP值太低沒那個價值也不一定。因爲對其他人來說，洗三溫暖一點都不重要，所以會用划算與否來判斷，但對我來說三溫暖划不划算不重要，因爲喜歡所以一次三千元我也願意。

「不知道為什麼就是很想要，很喜歡」，因爲我們有像這樣**沒道理的感覺**，才會總是買了什麼或是爲了什麼而賺錢。**「我想要這樣的生活」，正是因為堅持，這種欲望才最符合經濟效益**。車子更是如此，絕對不會有人是因爲基於划算才買高級名車的吧。對自己來說，因爲「好」所以很珍惜地開這輛車，絕對不會有人買了以後才覺得吃虧而後悔。

因此，對於金錢的使用方式，其實大家都愛講後話。普遍都認爲是先有某個原因（需求）才產生購買活動，但我認爲恰好相反。**感覺會比原因先來**。所以在你思考划不划算時，就代表你沒有那麼喜歡。對你來說，因爲無所謂的事物太多，導致你動不動就用CP值去判斷，也表示這些東西對你來說並非所需。

被請客專家語錄

- 人類對於無關緊要的東西，喜歡用划算與否來判斷。
- 成本不只有金錢成本。
- 真正想要的東西，CP值一點都不重要。

金錢的價值會越來越低，是真的嗎？

被請客專家
@taichinakaj

金錢分為從負到零，從零到正兩種。為了生活必須做討厭的事的人，他們追求的就是從負到零的金錢：不為錢做討厭的事，但若是有趣的事則另當別論，這樣的人就是追求從零到正的金錢。

最近經常聽到「金錢的價值越來越低了！」「今後錢只會越來越沒價值！」這是眞的嗎？對於金錢的價值是否眞的會降低，我想直率地表達我的看法，就是「YES」。

爲什麼錢的價值會降低呢？以貨幣須有普遍接受度的大前提來說，現在說到貨幣會直接想到紙鈔跟銅板，但在更早以前的時代，米也曾是貨幣的象徵。爲什麼米會成爲貨幣呢？因爲米具有普遍接受度，且是有價值的東西。

在早期的農業社會，米是大衆化的食物，也能透過保存長期持有，可以說是擁有越多越好的東西。因此米才具有普遍接受度（獲廣大人民接受），而成爲貨幣流通於市場。就跟近代的金錢一樣，給人錢對方會感到高興。米跟錢最大的不同，在於輕巧及攜帶便利。因此，任誰來看都有價值的東西，就有機會成爲貨幣。現在錢之所以成爲貨幣，就是因爲輕巧且攜帶方便，並能交換所有東西。那爲什麼如此便利的錢，會越來越沒價值呢？

這就要提到現代社會普遍適用的行爲：交易。以前的農村社會能夠以物易物，主要是因爲商品的種類太少，也就是沒有多元化的市場。「十顆蘋果換一公斤米」「二十根香蕉換一公斤米」，這樣的規則會因爲商品種類增加而變得越來越複雜，也不敷使用。當時有人注意到，如果以一公斤的米爲基準不就好辦多了嗎，因此米才會成爲通用貨幣。

在寶可夢的遊戲，交易就是以物易物。在寶可夢的世界，你可以用自己的寶可夢交換朋友的寶可夢，但無法用錢購買，以物易物是基本原則。我二十五歲，正好是精靈寶可夢的時代，當時的寶可夢只能用電信系統對戰，所以你只能跟眼前的人玩。因爲對戰人數僅限於身邊的人，因此能交換到的寶可夢非常少。

姑且將這種狀態稱爲「網路連結低弱」好了。那麼，「網路連結強大」的狀態會怎樣呢？就是可以線上對戰的寶可夢。只要連上網路，就能與不在眼前的人對戰。網路連結強大的狀態可使網路連結低弱時的對戰人數增爲無限大，甚至可以跟國外的玩家交易，得到說英文的皮卡丘。

一般來說，當想要的東西、能提供的東西越多時，以物易物就越難以成立；但在網路世界，卻又是另一回事。也就是說，如果你想要某樣東西，而你可以給對方某樣東西作爲交換的話，不管距離有多遠，在網路世界都能以非金錢交易的以物易物成立。

寶可夢的世界沒有經濟活動，或許較難想像。比方說買一千隻「大奶罐」（牛的寶可夢）就能經營牧場好了，或許會有人用幾萬隻大奶罐去交換最強的寶可夢「超夢」也不一定。在網路連結強大的世界，即使不使用金錢也能順暢地以各自希望的條件進行交易，以物易物的機能也就越來越好。

想要的東西越多元時，金錢就越來越沒必要了?!

也就是說，我們與多數人聯繫的通訊環境越好，貨幣的需求也越小。所謂金錢的價值降低，並非指沒有價值。只是當進行交易行爲，金錢不再是必須時，貨幣的價值便會相對降低。比方說，在低價買收二手物品的店鋪賣東西，換到了購物點數，再用點數購入想要的東西，這也是很棒的交易模式。

錢雖然很方便，若想要直接以物品交換的人變多的話，以物易物也很便利。把自己不要的東西與對方不要的東西做交換，在網路連結力量強大的現代越來越容易。

還有一個使貨幣價值降低的原因，就是人們想要的東西越來越多元。在單媒體的時代，人們看著同樣的電視節目與廣告，想要的東西也一樣。多數人想要的消費品被媒體大肆報導，大家只知道「用錢能買到一樣的東西」，像是房子、高級進口車、精品等。

但現在連小學生都有自己喜歡的YouTube頻道，也會自行選擇電視頻道；擁有一萬人追蹤的網紅更是鋪天蓋地，每個網紅都是某人嚮往成爲的對象。隨著想要的東西與獲取方式的多元化，錢買不到的東西也變多了。現在已經變成，只因爲某個網紅穿了某件衣服，那件衣服就受到矚目的時代了。

像以前那樣，只要花越多錢就能買到更好東西的時代已經結束。大衆的「普遍接受度」正逐漸改變，以後即使沒錢也很幸福的人會越來越多。

事實上，即使訂閱服務與共享經濟已經能讓大衆從廣大商品之中做選擇，但也能不花費一毛錢就能享用這些服務。覺得金錢本身沒有太大價值的人越來越多，也不奇怪。**大家說現在年輕人的購買欲望降低，不正是因為除了購買之外，還有更多的選擇嗎？**

玩免費手遊就覺得人生很幸福的人，或許一輩子都能這樣享受手遊的樂趣。而當不把豪宅跟賓士當一回事的人越來越多時，或許金錢就變得更沒價值了。

被請客專家語錄

✪未來金錢的價值會越來越低。

✪相對的，以物易物的交易行為變得越來越普遍。

✪只要花錢就能獲得有價值的東西的時代已經結束。

錢就要花在看起來沒什麼用的地方

被請客專家
@taichinakaj

「護照的持有率為二五％以下」，知道這個情報的人當中，「那我只要出國就能贏過其他七五％的人了」，會這樣想的人不多，而下個月就立即出發的人更少。我認為將資產賭在這些事上是很好的投資。

即使沒錢也無所謂的我，被問到錢都花在什麼地方時，意外的，我的錢都花在沒什麼用的地方。比方說，之前突然想看企鵝，於是我就跑到北海道的旭川動物園。我不是會事前規畫的人，如果要出門，通常都是前一天或當天才買票。

因此，飛機票理所當然就會貴很多，住宿也還沒決定，結果為了看企鵝花了不少錢。

不過，在資訊物資都如此氾濫的現代，我認為根本沒有什麼「正確的金錢使用方式」。**為了正確使用金錢而花錢，這樣的人生未免也太無聊了，希望大家千萬不要這麼做**。

對我來說，**快樂的花錢方法就是盡可能降低生活成本，將多餘的錢花在看起來沒用的地方**。因為會花錢在沒用的地方的人越來越少，每當看見所謂「亂花錢」的人，我就覺得十分有趣，也很快樂。

比方說，請我吃飯的人裡面，有一個「心臟狂」。這個人因為太喜歡心臟，看到心律不整的影像時還會起生理反應。為了隨時都能聽見心臟跳動的聲音，還花大錢買了藍芽心跳計，遇到人便請求對方讓他聽聽心跳聲。看在我們眼裡，像他這樣就是亂花錢，但這卻是**只有他才能享受的花錢樂趣**。

相反的，許多能幫上忙的東西，反而是免費或很便宜的，例如線上英語會話或網路訂閱等。因為這樣，錢也不得不花在那些「不正確」的東西上了。

不管是誰都有必須花費的款項，像每天都會用到的手機跟電腦，花錢買好一點的也比較方便，我想這是大家都能理解的花費吧。意外的是，幾乎大家都會這麼做——最新型 iPhone 發售的第一天，就能看到許多人都拿著最新的手機。所以大家都擁有相同的機能，能做的事都一樣，其價值也越來越低。

無用的花費能提升自我的稀有度

因此，將錢花在別人覺得「有必要花那些錢嗎」的地方，反而能提高稀有價值，也較容易引起他人的關注。即使不計較這些好處，只是單純覺得有趣而把金錢與時間花在無用的地方，不覺得這才是眞正在享受人生嗎！

我之所以能獲得部分人的關注，也是因爲我的稀有度。與人不同的生活方式，勉強符合了現在這個時代的趨勢，因爲這樣才獲得關注，也可說是種賭注。爲了成爲被請客專家並遇到各種有趣的人，我捨棄了一般的生活方式，而這看在他人眼裡可能是非常沒用的行爲。即使如此，只要繼續做不一樣的事，過著與他人不同的生活，我想一定會有被看到的一天，一定會出現覺得我很有趣的人。多益考滿分的人，跟我這樣的人，如果要你選一個聊天，你一定會選我啊！多益想考滿分，只要上網搜尋「多益、滿分、方法」，就會出現一堆資料了。**在看似無用的地方花錢，有一天就能成為自己的特色與養分**。例如每天吃拉麵的人、每天靠股息優惠券生活的人等，都充分呈現了這種無用的特色。

就算不追求自我成長，只要增加花費的稀有度，就能找到適合自己的所在。雖然不是絕對，但我認爲今後，只有你才能說出的故事、只有你才做到的事，這些都將成爲珍貴的寶物。所以，從現在開始去買一些其他人絕對不會買的東西吧。

被請客專家語錄

✪把錢花在看似無用的地方是很有趣的事。

✪把錢花在大家都會花的地方，一點意義也沒有。

✪用無謂的開銷來提升自我稀有度就能獲得關注。

有錢人跟平凡人，只差在價值觀不同而已

被請客專家
@taichinakaj
花大錢玩樂的人，他們的故事幾乎都差不多，也聽得很膩。

在討論金錢觀的這一章，我想問讀者一個很基本的問題：「你想成爲比爾蓋茲嗎？」

一到書店，你會看到很多關於「新時代的賺錢方法」這樣的書，我的書或許也會被分類爲這一種。雖然我不是太清楚，但像堀江貴文跟西野亮廣這種在金錢

上獲得成就的人，他們的思考方式，基本上是非常資產家風格的。

我說的「資產家」，不單指金錢，還包括社群的追蹤人數及線上訂閱的會員數、名聲等，擁有龐大影響力的人。這些人都喜歡思考如何將手上的東西以倍數增加。

而喜歡閱讀這類書籍的人，應該都想成爲那樣的資產家才對吧？但我不相信。

難道你想要過比爾蓋茲的生活嗎？我一點都不想，即使我想也做不到。因爲我沒有把資產增加或加倍的那種金錢遊戲想法。像堀江貴文和西野亮廣，他們對於資產就像玩俄羅斯方塊一樣，喜歡讓數字逐漸增加的遊戲。

喜歡玩俄羅斯方塊的人累積著方塊，看準時機再次得到高分，對他們來說是一種快感。而且這種人通常很聰明，知道怎樣能獲得高分，當計畫如預期時（獲得高分）便會感到開心，我完全可以理解。但對我來說，俄羅斯方塊的分數不管有多高，我都沒感覺。

無止境地追求數字，獨自不斷獲得高分的人，實際上非常少。僅有少數俄羅斯方塊宅男才辦得到，僅有少數對高分上癮的資產家才做得來，他們是爲了使分數翻倍增長，不惜勞苦的那些人。所以，資產家與非資產家的差異，僅在於對獲得高分能否感到興奮的價值觀。

這世界不用每個人都拿高分

像我這種對增加數字的遊戲不感興趣的人，自然不會爲了獲得高分而努力。那麼，不想成爲比爾蓋茲的人，該怎麼生活呢？或許資產的數字不會增加，但我們可以**不做討厭的事情，並將時間用在自己喜歡的事物上**。我認爲這也是一種豐盛的生活。

現在的世界充斥著資產家說的話，使得許多人覺得人生就必須要獲得高分才行。但是，不管是俄羅斯方塊或是魔法氣泡，有人覺得累積再消除、累積再消除的遊戲很好玩，也一定有人不喜歡這樣的遊戲。

不用勉強自己跟那些人一樣獲得高分。你得思考自己是眞的想這麼做，還是只是崇拜那些資產家，或是對高分遊戲根本一點興趣也沒有。無法沉迷於增加數字的人，不需要勉強，玩自己覺得好玩的遊戲比較好。**自己的遊戲，無論規則、目標或設定，都能隨自己所好，所以才有趣**。一直玩著不喜歡的遊戲，沒有比這更無聊的事了。

被請客專家語錄

✪ 資產家是喜歡玩增加數字遊戲的人。

✪ 如果沒興趣，沒必要參加獲得高分的遊戲。

為了錢做自己不喜歡的事情，也不會變得更富有

被請客專家
@taichinakaj

時薪工作彷彿削減生命的燈油般令人疲乏，所獲得的現金報酬，讓許多人不知該花在什麼地方。而為了消除工作帶來的壓力，最終賺取來的金錢，往往浪費在不知所謂的地方。再度令人感到疲乏。若是能掌握生活上的必須費用，在沒有壓力的程度，以最低限度的勞動力工作不是很好嗎？

因沒錢而苦惱的人、想把錢變多的人，爲了跟上這個「必須擁有」的社會，

最重要的就是思考如何有效益地使用一百塊。

我從以前很喜歡思考怎麼做才能將數字最大化。

小學時我就很喜歡玩交換牌卡的遊戲，經常在放學後跟朋友一起玩。交換牌卡的遊戲，主要就是看你有多強的卡，擁有多少別人想要的牌卡就是決勝關鍵。因此在交換牌卡時，卡片的知識便很重要，有時會出現「如果能換到這張卡就太棒」的人，若碰到不懂卡片價值的人則會有「用這張卡怎麼可能交換得到那張卡」「我真的可以換這張卡嗎！」等狀況。所以我從小就學會用市場價值偏低的卡，高價賣給懂這些牌卡價值的人。小時候我就是這樣賺取零用錢的。

之前請我吃飯的一個十五歲孩子說，他將營業用的保險套零售給朋友。他花三百元買了一盒一百五十入的保險套，用一個六十元賣出，一個月賺了將近一萬元。他說保險套通常賣給沒有使用打算，但想放在錢包裡，或是不敢自己去買的人。如此了解消費者心態，實在教人佩服。

而數字最大化，指的就是思考人會怎麼使用一百元，並如何削減常態化的成本。房租、手機費用、餐飲費、每天早上的咖啡等，減去消費效果低的費用，投資能將一百元花得最有價值的方法。

我以前曾試過便利商店咖啡大放送的方法。在推特上幫我按讚的前一百個人，我會送他們一組咖啡兌換號碼。光這麼做，就能讓一百塊變成「寒冬裡的一杯熱咖啡」，使一百元的價值增加，收到的人也開心。至今還有人跟我說當時有喝到我送的咖啡，費用效益絕佳。也就是說，將一百元的價值最大化，就是把一百元變成**接收者最想獲得的一百元**。

思考資產的基本原則，使價值發揮最大的功能，其實一點都不難。

當你思考爲什麼大家會買便利商店的礦泉水時，就會出現「因爲有需求」的答案，但難道自來水不能喝嗎？爲什麼一定要買礦泉水？如此思考下去便會發現：因爲我們住在乾淨的國家，多數人都有潔癖的傾向，對他們來說自來水很髒，而未開封的瓶裝礦泉水感覺是「乾淨」的，所以**他們買的是「乾淨」**。

礦泉水只是一個比喻，這邊就不繼續深究了。我想說的是，只要像這樣思考「爲什麼這個東西會賣」，當自己想銷售某樣東西時，就能知道可以模仿哪種模式、販賣哪種要素了。

心情不好只會花更多錢

但請大家注意一點：當你做到資產最大化時，若沒那個「心」就一點意義也沒有。比方說，我用送咖啡的方法來增加追蹤人數，或是將牌卡賣給懂其價值的人，這些方法對我來說都是零壓力的，所以才能持續下去。

而當你做討厭的事情並感到壓力時，即使這些勞動能獲得金錢上的報酬，以結果來說也不會變有錢。

舉一個比較極端的例子，假設我去餐廳打工好了。照規定的時間去工作，按指示換上制服、穿上襪子，跟不想說話的人講話等，這些事都令我感到極度的疲累，所以對我來說，在餐廳打工就是件壓力山大的事。即使工作一天有三千元的酬勞好了，但一天結束我已經筋疲力盡，回家可能會選擇搭計程車（因爲我非常痛恨人擠人的電車），然後在回家路上還會在便利商店爆買零食跟冰淇淋，回到家後爲了排解壓力開始暴飲暴食。

我想很多人都有同感，排解壓力其實是件很花錢的事。如果爲了避免爆滿電車的壓力而搭計程車的話，三千元可能一下子就沒了；而爲了逃避現實，沉迷付費手遊，錢更是會不增反減。飲酒澆愁就更不用說了。就像有憂鬱傾向的人容易沉迷於夾娃娃的遊戲一樣，一旦累積壓力，勢必需要發洩的出口。

爲了排解累積的壓力，我們會花掉比賺來的更多的錢。也就是說，無論你如何努力地使資產最大化，若是做自己討厭的事情，讓心情越來越差，爲了恢復好心情便得花費相對的金錢，所以仍賺不到錢。

之前，一位喜歡認乾爹的女生請我吃飯時說：「不管乾爹帶我去吃多貴的壽司或多高級的法國料理，跟毫不喜歡的人一起吃高級又時髦的餐廳，不如跟喜歡的人一起吃便利商店的肉包還更美味。」注意自己的心情是否被消耗的同時，思考如何用最少的勞力獲得最大的成果吧。

被請客專家語錄

✪ 價值最大化的基礎是，思考他人會怎麼使用一百元。

✪ 為了增加資產而消磨心情是賺不了錢的。

✪ 思考收益時也要計算伴隨而來的壓力。

想提升生活自由度，從減少房租開始

被請客專家
@taichinakaj

一個月的固定支出，若是超過收入的一〇%以上就太多了，根本無暇玩樂。在這個時代，玩樂也需要高度的創意發想，不是有空閒就好。過高的固定支出會讓人產生「生活困頓感」，阻礙我們產出有創意的想法。所以要將固定支出壓在收入的一〇%以下，不然玩樂就不是真正的玩樂。

不降低人生滿足度，又能減少生活費的支出，最簡單的方法就是減低房租的費用。

金錢，在一定程度上使用於飲食與住宿。月收兩萬元的人，最好從事有提供便當跟住宿的工作或旅館職等。房租跟飯錢都已經包含在內的話，一個月三萬元的薪水就相當於賺到五萬元了。如果沒錢，生活成本能降多少就降多少才對。

當然，你也可以過著充滿矛盾的生活；但若是想隨心所欲，一定得先從房租與固定支出下手。這樣的生活只要持續三年，就可以存到錢，只是需要時間，也不能沒有生活費。所以想隨心所欲地生活，最快的捷徑就是降低生活成本。

對於家事及金錢，如何運用能力值較低的家事及金錢就很重要。

降低生活成本最好的方法是什麼？絕對是減少房租。不要說什麼房租理應是薪水的三〇％，**房租要盡可能降到趨近零才對**。我是說眞的。

雖然是特殊狀況，但我一年前一直輾轉住在不同的人家，房租眞的是零元。將房租歸零的方法有很多，比方說暫住在超級好人的家、山上小屋，或是哪邊的空屋等。

當你想要某樣東西時，發出訊息也很重要。嘴上說著「薪水好少」「沒錢」

的人，別人沒辦法爲你做什麼：具體說「我想要什麼」「我想做什麼」的話，他人或許能提供物品與機會。事實上我就眞的從推特追蹤者的手上，獲得了一間空房子。不具體的願望，無法獲得他人的支持。

有些人會希望可以住在工作地點附近，但如此房租便太高，不過這時應該要先問自己，到底爲什麼做這份工作。我能理解通勤很浪費時間，假使你一天賺三千元，房租一天是一千元的話，不就等於在爲租房子工作嗎？如果你的薪水能夠充分支付房租那倒無所謂，若是感到生活困頓，應該在租金便宜的地方找工作才對。不然再怎麼努力工作賺錢，都只是在繳房租而已啊。現在月薪三萬的人，如果是生活在鄉下地方，相當於月薪有四萬吧。要把薪水提高一萬元，是件很不容易的事，但只要降低生活成本，一瞬間就能多出一萬元可以自由使用。也就是說，減少房租就能多存到錢。降低生活成本＝提升薪資。

不過，我輾轉住在不同的人家，或是住在別人不要的空房子，已經是以前的事。自從我開始養貓之後，便過著以貓爲中心的生活，所以目前住在可以養寵物、月租兩萬元的房子。在經濟不充裕的時候，盡可能地削減固定支出，之後遇到突發狀況也能產生應對的自信。掌控人生中的固定支出，就可以很輕鬆地面對日常的變動費用。

再窘迫的家也有生活的樂趣，一旦沒有可自由使用的金錢，心會死去

在能力範圍內做到最好，重點是增加可以自由使用的金錢。做自己喜歡的事情一定需要費用，在生活中嘗試挑戰也需要錢。以我的經驗來說，住的地方再怎麼窘迫，還是有生活的樂趣；但若是沒有可以自由使用的錢，心會逐漸死去。因此，收入低的人應該重新檢視自己與他人相同的開銷，減少固定支出才會輕鬆。比起多賺一萬元，從固定支出減少一萬元不是更簡單嗎？

而從固定支出多出來的一萬元，你可以拿去買有興趣的書，也可以報名語言學習課程培養個人技藝。做別人做不到的事或察覺到的事一旦增加，工作上也會慢慢活躍起來。「住好地方」的想法要超過一定程度才能看到效果，只是因爲想

跟大家一樣，所以住在月租一萬多塊的地方，一點都不厲害，給人的印象也只是過著「普通的生活」而已。這樣的話，不如住在超破爛的房子，甚至是發生過意外事件的地方，還比較有話題也有趣。

被請客專家語錄

- 減少生活成本又不降低人生滿足度，就要減少房租費用。
- 減少生活成本＝提升薪資。
- 住在好地方無法成為一種技能。

為了體驗信用經濟，我在推特賣二手書

被請客專家
@taichinakai

之前請我吃飯的大學生說：「在網路二手書店好幾個月都賣不掉的商業書，將分類從書籍改成裝飾雜貨，立刻就賣出去了。從此之後，我才知道商業書原來是裝飾雜貨啊。」給予使用上的提示，便能銷售商品。

大家都在討論「信用經濟」。疑似受到追蹤人數或線上沙龍參加人數等的數值化影響，信用因此成爲資產，價值變得很高。而累積信用就是將資產最大化的方法。也就是說，資本主義原本是以賺取金錢這項資源爲主流，如今卻被顚覆，必須賺取「信用」這項資源才能將資產最大化。例如，祕密行銷就是可以賺錢卻無法將資產最大化的典型範例。

祕密行銷是犧牲未來信用的方法。當人們發現是祕密行銷時，對產品或品牌的信任將瞬間消失。而當信用逐漸枯竭，至今產生的金錢也將慢慢不見。短期來看雖然有利益，長期來看卻是縮減資產，因此信用經濟才會逐漸受到矚目。

信用經濟的結構並非原本就充滿漏洞，在資本主義的世界，信用就是救命索。向銀行借錢關乎信用，使周遭人接受並賣出商品也關乎信用。沒有信用，經濟便無法成立。將借來的錢還掉就能產生信用，下次也會更容易借到錢。犧牲信用換取的錢，雖然當下能入手一筆錢財，長期來看卻是損失。像這樣只看眼前利益的人，不在少數。

讀《人類大歷史》這本書時，會出現很多讓你覺得「資本主義好屌！」的論述，特別是「享用十年後的利益」成爲現今資本主義的原型，這是在很早以前就確立的。

至今的人類史，因人們相互爭奪而導致領土的增加或減少，以及資源的增減等，但「全體的總數」是不變的。比方西班牙侵略了某處，土地本身並不會變大，地球上的資源也不會增加，導致大家開始囤積錢財，爲將來的不安而持續爭戰。但是，科學革命改變了一切。因技術的發展，地球人全體都受益：從前大家會爲了一塊蛋糕要怎麼分才公平而爭吵，隨著科技發達，現在我們可以將蛋糕變大。與其花精力吵架，還不如同心協力一起開發技術，這就是人類史最終抵達的境界。

而這樣的事實經過共享後，便產生了「如果開發出這個，將來可以賺那麼多，所以我相信你、投資你」。

荷蘭是最早成立「股份有限公司」的國家，大家分別投資一點，共享利益。當時的西班牙國王以不當手段從國內商人手中獲取金錢，於是西班牙的商人想，「與其平白無故把錢送給國王，到荷蘭投資不是更好？」因此許多商人開始逃亡海外。荷蘭的資產不斷聚集，所成立的東印度公司逐漸擴張，甚至開始造船爲國家擴張勢力；而當時另一邊的西班牙，則不斷沉淪。

沉溺於眼前的利益而失去信用，成爲最終的致命損失。

爲二手書增添各種價值，以六千元賣出

現在的信用經濟正是如此。我們必須思考如何賺取信用，有沒有辦法一邊賺信用，一邊持續獲取短期利益呢？

若完全不考慮利益，一股腦地賺取信用也沒用。

因此我將目光放到二手書上。我平時就有閱讀的習慣，根據至今培養的信用，我會收到推特追蹤者寄來我想看的書。（謝謝大家。）

也就是說，我的二手書是以原價零元入手的。因爲原價率是〇％，所以拿去二手書店販售也絕對「包賺」。（但我沒有這麼做。）

所以，在這樣的條件下，如果是擁有大衆信用的人，應該有辦法重現同樣的賺錢模式吧。於是我開始想，如何不減少資本的使用信用並賺點小錢的小遊戲。

我喜歡把一般人認爲沒價值的資源變成有價值的東西，而二手書往往低於定價，且不是一般人的投資對象，因此我思考要怎麼做，才能將二手書以高於定價

的價格售出。

我開始以拍賣的形式販售二手書。因爲是拍賣，所以想怎麼定價都可以，也比賣給二手書店利潤好。不去在乎市場原理，把東西賣給想要的人，可以拉高其價値；並且，還有「信用」可作爲附加價値。我不明確標示要賣哪本書，而是看那些曾經下標的人的帳號，再拍賣適合他們的書。

對消費者來說，這就不只是「買一本二手書」，而是買到「我看過後覺得最適合他的書」。如此一來，從現實面來看，買賣的東西不變，卻能抬高二手書的價値。

我照這樣實際在推特賣了兩本二手書，第一本賣了四千元，第二本以六千元售出。嘗試以後才知道，價格若是設定得太高，只是空有期待。所以，我的二手書以六千元的價格賣出了。同時，我只賣自己覺得眞正超好看的書，所以買到的人會有「這本書超有趣！跟被請客專家買的二手書沒想到這麼好看，我要追蹤他的推特，也要訂閱他的網誌！」的感想。也就是說，我不僅僅賺到六千元，還賺到了眞正的信用。

信用經濟的交易模式，大致上就是像這樣擴大或再縮小的買賣。與其提供免費的服務，不如獲得能回收成本的報酬並賺到信用，這樣的模式才能持久。

不管任何事都一樣，覺得有興趣的就去試試看，即使不成功也能得到預料之外的情報。

被請客專家語錄

- 信用是金錢。
- 只看眼前利益而無視未來損失的人不少。
- 一邊賺信用，一邊還能持續獲得利益是重點。

想在經濟上獨立，先為自己創造十個家

被請客專家
@taichinakaj
之前請我吃飯的廉價航空職員說，「人總是花很少錢卻要求過多的服務」「他們不知道就是因為沒收服務費，廉價航空才會那麼便宜」「想要有好服務就不要去家庭式餐館，直接去高級料亭啊」。確實，好像很多人都覺得服務是免費的。

用別人的錢生活的我，或許很多人會覺得有什麼資格談經濟獨立，但是就廣義的經濟獨立來說，能自由過自己想要的生活是很大的要素。

我的經濟獨立是確保**複數的飯票**，打造不怕吃不飽的狀態。這樣講恐怕會引起誤會，打個比方好了，假使我是住在爸媽家，如果今天惹媽媽不高興的話，我的飯票就沒了。有免費的食物跟住所是最棒的，但若是被老爸討厭而趕出家門的話，便立刻無法生活，這樣不能說是過著自由的生活吧。

所以最厲害的就是，有十個家。能做到這樣，不管是誰都能獨立。因爲即使被九個人討厭，至少還有一張飯票。

因此從我的經濟獨立論來看，上班族都不算是獨立的狀態。上班族要是被老闆討厭了，馬上就得捲鋪蓋走人；每個月即使有五萬元的薪水，一旦跟主管發生爭執，辛苦累積的關係便會毀於一夕。依賴著一間公司、一個世界，這是看起來安定，實際上卻很危險的事。

爲了不怕被剪掉公司這條生命線，得爲自己打造擁有十條生命線的狀態。這樣就算被切斷一條線也沒關係。

打造經濟面的依存關係，也是在維護良好的精神層面

我就是爲了擁有無數條生命線，所以在網路社群中活動。經常有人在推特說討厭我，或是講一些狠毒的話，但對於擁有很多條生命線的我來說，這些惡言在經濟面上對我造成不了任何一點傷害。如果我的活動範圍僅限推特，那麼推特上所有人都討厭我的話，傷害是很大沒錯。但我還有網誌的訂閱者，以及廣播的付費訂閱聽衆。人的精神層面是建立在經濟層面上的，所以，爲保有良好的精神狀態，要先保有複數的經濟依存關係才對。

不過，對我來說，只要不做討厭的事，無論經濟面安定與否都可以過活。但對多數人來說，經濟上的安定與精神上的安定有密切的連結，所以經濟面的依存關係越多越好。

比方說，平時就有在維繫人脈的話，離職時也能立刻轉換跑道，人脈中的某個人或許就能成爲你的一條生命線；副業也是生命線之一。

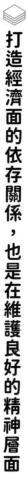

即使是家庭主婦，平時也要培養技能以利隨時能找到工作。經濟上不全然依賴另一半，被丈夫背叛了也能保持精神面的安定。

一對伴侶的關係若極容易惡化，那是因為雙方對彼此都過於依賴。所以，跟多人維持淡淡的關係，感情獨立也不是件壞事。總之，先為自己打造十個家吧。

被請客專家語錄

- 不只擁有一張免費飯票＝經濟獨立。
- 上班族若是被老闆討厭就完了。
- 經濟面的依存關係越多，精神面也會越安定。

當「擁有」已非主流時，獨特性將越有價值

被請客專家
@taichinakaj

一位到中國工作的插畫家請我吃飯時說，「我被超高待遇挖角到中國」「一開始很興奮，後來才慢慢發現實際狀況是怎樣」「在那邊只要畫奇怪的東西就會被逮捕」「就算收入不高也想在日本自由地畫畫」。我想，沒有比自由更吸引人的東西了吧。

一年三百六十五天，我幾乎都穿同樣的衣服，戴著同樣的毛帽。當然不是穿同一件，同樣款式的衣服我有七套，可以每天輪替。我很不喜歡穿襪子，所以只

穿木屐。我沒有需要穿其他衣物的時候，冬天如果怕冷我就跑去國外避寒。

我從以前就沒有「很想要什麼」的念頭，完全沒有物欲。不要說衣服了，我對精品更是沒興趣，如果有人問我想要什麼，我一時可能回答不出來。

如果是附贈超讚三溫暖的豪宅，我可能會覺得不錯，但爲了住在那種地方要支付五十萬房租的話，我寧願一次花三千元去洗三溫暖。洗三溫暖並非擁有三溫暖，**但我得到的是一樣的**，所以跟擁有也沒什麼兩樣，對吧？

「持有」一點都不方便。像我這樣不覺得「擁有」有什麼價值的人來說，擁有的CP值超低。在訂閱服務越來越多的現在，「借用」「共享」慢慢成爲理所當然，也當然會有越來越多人覺得這種服務很方便。以前要「持有」才能使用的汽車，如今汽車共享也變得大眾化。高興的時候還能借到高級進口車，「今天坐這輛」「明天開那輛」，這種生活絕對比較開心吧。擁有很容易膩，又需要維持費用，超不划算的。削減至今花在「擁有」的費用，將那些因爲大家都有所以我也要有的，用在其他想自由使用的地方，不是很棒嗎？當你察覺汽車跟名牌精品都是不需要擁有的東西時，生活會變得非常輕鬆。

自己專用的東西，即使不持有也能擁有

隨著訂閱的商業模式大衆化，讓「購物」這件事也產生了變化，「持有」的價值也逐漸變低。因此，若是有讓你覺得無論如何都想擁有的東西時，買下去就對了！當你感到「這個東西我一定要擁有！」時，不須猶豫，直接入手才對。

我很喜歡熱海這座城市，如果在熱海有一間只要三十萬元的理想房子，我可能會買。因爲對我來說，位於熱海、充滿廢棄感的老舊房子很有價值。也就是說，我願意花三十萬元買一間位在熱海的老房子，如果是在其他地方、可有可無的普通房子，對我來說就很難找到想購入的價值。在選擇衆多的世界裡，「只有這個東西才擁有的價值」，成爲很重要的購入原因。人跟物品也是一樣。

我最近終於開始租房子、養貓，默默過著「持有」物品的生活。老實說，我非常推薦定居生活。雖然我將近兩年住在不同的人家，也提倡這種生活不用花房租超讚的，但老實說眞的很累。住在自己的房子很棒的一點是，**不會累**。因爲房

子是自己持有的（即使是租借關係），還能養貓。貓是種很神奇的動物，一天給牠一次肉泥，你就會感到無上的幸福。所以，我現在覺得適當擁有能產生安心感的「自己專用的東西」也不錯。

被請客專家語錄

- 「擁有」是一件CP值很低的事。
- 「只有這個東西才擁有的價值」成為購物的原因。
- 定居跟貓能產生安心感。

「虛榮心」就是變動成本

現在應該思考的不是怎麼賺錢，而是有必要賺這個錢嗎？然後你會自然想到「那我要用什麼賺錢」，這時候就不會去想小戰術，而會以更大的戰略去思考。

被請客專家
@taichinakaj

我經常被問到不花錢享樂的方法，對我來說就是去洗三溫暖，但這無法成爲標準答案。所以在這裡，我們來思考怎麼樣可以不花錢享樂。

前面已經重複過很多次，我的興趣是洗三溫暖，所以基本上很少花到錢。並

不是我從一開始就打定主意過著不花錢的生活，只是剛好我的興趣是不太花錢的事情而已。所以如果你的興趣是花錢，那當然奉勸你要好好賺錢。

我有一個朋友叫「威士忌藤村」，他超愛威士忌，是人生只要有威士忌就夠了的男人。花錢蒐集威士忌，對他來說是超級幸福的事。對他這樣的人來說，花錢能買到幸福的話，自然是不要忍耐，花錢買比較好啊。因爲這麼簡單就能感到幸福，是很不容易的。

並且，當你無論如何都想擁有一樣東西時，會千方百計思考獲得的方法。這就跟遊戲一樣，因爲想打敗最後的大魔王，所以你會不厭其煩地破關、增加經驗值，努力地研究攻略。爲不怎麼想要的東西思考策略，甚至付諸行動，我們人是做不來的。

嘴巴上成天說「我沒錢，我想要錢」的人，實際上不是眞的那麼想要錢，即使有錢了，他們也不知道要把錢花在哪裡。對他們來說，有錢也不知道要做什麼才會開心，也不會增加幸福感，所以我們應該要**先找出什麼才是自己的人生主軸**。

想被認同的欲望是永遠無法滿足的

如果從反方向思考「不花錢的幸福生活」，因爲每個人的價值觀不同，很難有標準答案。但若是有「花錢的不幸生活」，想必絕對是被虛榮支配的人生吧。

比方說「想買一輛賓士」，這個欲望乍看之下十分具體，但若只是爲了想藉由賓士得到他人的欽羨，因追求認同而購物，即使能夠滿足一時，也無法滿足一輩子。**因為你真正想獲得的不是賓士，而是他人的羨慕，而這是沒有盡頭的欲望**。即使一開始能得到他人的羨慕眼光，之後你還是會去尋求其他令人稱羨的東西。

也就是說，「想被人這樣看」的虛榮心，在人生中是相當高的變動成本。因爲不管你買了多昂貴的東西、在社群網路展現多奢華的生活，這個欲望是沒有終點的。被認同所獲得的幸福感只是一時，會立即被新的人事物取代。如果想貫徹被虛榮心及莫須有的自尊所支配的生活，那我只能奉勸各位要拚了命地賺錢。

雖然會花一點錢，我個人非常推薦「養貓」。貓眞的很棒。無論我做什麼，貓都會原諒我，一直陪在我身邊。

被請客專家語錄

✪如果能用錢買到幸福，那一定要買下去啊！

✪總是把「沒錢」掛在嘴上的人，其實並不怎麼想要錢。

✪虛榮心跟自尊最花錢。

月薪兩萬五又怎樣？

被請客專家
@taichinakaj

「時薪一百以下就是黑心企業，時薪兩百是良心企業」的觀點，我實在不以為然。如果只是為了賺錢而消耗時光，時薪兩百對我來說也很黑；相反的，如果能開心地做自己喜歡的事情還有錢拿，時薪不到一百我也覺得賺到。所以賺多賺少，終究還是自己怎麼想的問題。

網路留言版上有一則匿名貼文寫道，「工作做了十二年，薪水只有〇〇，日本完蛋了吧？」針對這則貼文，堀江貴文的回覆受到許多關注：「完蛋的不是日本，是你。」前陣子推特貼文，「以死不了為底線的雇用水準在日本蔓延中」，使「月薪〇〇元」成為熱門關鍵字。很多人對於「月薪兩萬四」「月薪兩萬五」有感，引起廣大的討論與紛爭。從這個角度來看，在吵的這些人肯定都只有這樣的待遇吧。

我只打過工，沒有真正就職過，對一般人的平均薪資應該要多少不太清楚。甚至覺得月薪兩萬五，有很差嗎？歸根究柢，自己選的公司如果薪水這麼不好又黑心，也沒有調整薪資的可能，不是應該要馬上辭職嗎？工作了好幾年薪水都不見起色，說這種話的人絕對不是現在才發現這個事實吧。進入一間公司，只要花幾個月就能搞清楚整體狀況跟同事的相處方式，所以你不可能被騙這麼多年。

即使時薪兩百元的工作，你要做牛做馬一個月才能拿到五萬元的薪水，而會這樣抱怨的人，誰叫你要做時薪兩百元的工作呢？雖然不知道這份工作有多辛苦，但當你感到付出與獲得的不符時，就應該立馬做出捨棄的決斷。而工作內容與報酬相符的話，怎麼抱怨都於事無補。

就算時薪低，工作輕鬆就好

受到最低薪資的保障，今後低薪的工作將慢慢消失。但這真的是件值得高興的事嗎？做著時薪兩百元工作的人，變得更幸福了嗎？世上肯定有因爲時薪低，因此工作內容也比較輕鬆的工作。這些工作可能沒有時薪一百的價值，但仍希望有人來做。比方說，只要睡覺一個小時就有一百塊，這樣即使一個月薪水不到兩萬元也完全能接受，而且只要睡覺的工作超爽的好嗎？提高最低薪資，讓一些很輕鬆的工作漸漸沒了，最終只剩下辛苦的勞動，那些以輕鬆工作維生的人，該如何是好呢？

今後所有的工作內容都將符合薪資水準，服務業的標準也越來越高，工作內容更是有增無減。

其實**只要自己滿意**，月薪兩萬五又怎樣？即使受到月薪兩萬五以下就是魯蛇的看待，只要本人不介意就什麼問題也沒有。

「有錢＝幸福」，只是一種幻想。我認爲有錢而感到幸福的程度因人而異，並且是有限的。**用錢買到的幸福，效力也是有限的**。比方說，小學時在路上撿到五元就超開心，如今在路上看到五塊錢，你可能連看都不看一眼。

這是因爲五塊錢對現在的你來說沒有幸福的效果。因爲有錢而感到幸福，其實是一件非常困難的事。如何將月薪兩萬五發揮到最大的價值、享受人生，取決於自己。我想關鍵就在於如何延續小時候在路上撿到五塊錢的幸福感。要過「月薪兩萬五的豐盛生活」絕不容易，但絕不是不可能。

被請客專家語錄

- 工作內容與薪水不符時請馬上辭職。
- 只要自己覺得滿意，月薪兩萬五也很好。
- 如何用少少的錢感到幸福取決於自己。

與其存錢養老，不如現在花掉

被請客專家
@taichinakaj

「年輕時辛苦打拚存下來的錢，在接下來的漫長人生如果無法轉換成有價值的經驗，都只是帶進棺材的紙鈔而已。」「大叔用三十萬買的經驗，年輕人只要花三萬塊就買到了。」這些話不知道是誰跟我說的，說得真好！

養老基金成爲最近的熱門話題，不過在多元化的現代，養老基金需要多少，基本上因人而異。若是放大主詞，所有議題都會產生破綻，所以對養老基金感到不安的人，請自行列出具體數字計算一下比較好。畢竟，不用付房租就有房子住的人，跟必須月付兩萬租金的人，經濟狀況完全不同，養老所需的費用也跟著不一樣。

我沒有存錢的習慣，也沒想過要長命百歲，老了也沒有想做的事，該死的時候就會死，這是身爲人不可避免的。我也不會積極地「想死」，只是對於死這件事感到不可抗，去煩惱死亡反而很浪費時間。即使有幾百萬元的養老基金，該死的時候還是得死啊。如果生病了，也有健保和醫療保險等，所以有沒有錢跟生存機率沒有太大的關係。不管你有錢還是沒錢，死亡的機率，人人平等。

不過，我不是說爲將來存錢或投資完全沒用，這是個人價值觀的問題，自己覺得怎樣好就好。我不存錢的理由或許只是在於，金錢的價值會隨著年月越變越低而已。

因爲二十歲的人用三十萬能做到的事情，和老爺爺用三十萬能做到的事情，完全不一樣。變成老爺爺老奶奶時，即使有錢想出國旅遊好了，也禁不起長程的飛行。如果訂不到舒適的飛機座位就會腰痛，也無法去住年輕人住的那種便宜旅館。一天的活動距離也很有限，若沒有充分的停留時間，肯定看不完觀光景點和城市。所以說，同樣的三十萬元，老爺爺只能玩到歐洲三個城市，但二十歲的年輕人可以環遊世界了。隨著年紀增長，無論花多少錢，都不會變成年輕時花的三萬元。**年齡與金錢的價值是呈反比成長的。**

「老了以後要開始○○」一點意義也沒有

同樣的，「辭職了以後我要去做那個」「老了以後要開始○○」，有很多人會像這樣把想做的事情無限延後。但我覺得根本沒必要將想做的事情保留起來，現在就去做不是很好嗎？

很多人說老了以後要住在看得見海的地方，如果真的想嘗試，爲何不現在花一個月去海邊住住看呢？在海邊租房子有困難的話，入住海邊旅館也可以啊。住了以後覺得跟自己想像的不一樣，再找新的目標就好。現在不做的事情，等你老了也不會去做。因爲你現在就不想做了，老了以後體力變得更差，會更不想做。

所以，如果單純計算老爺爺的五百萬跟年輕人的五百萬，年輕人會覺得比較富有吧？畢竟三十萬元就能環遊世界，**錢就是要趁年輕時用才越有價值**。我十九歲出國，在歐洲待了三個多月，總共才花了三萬塊。雖然在布拉格被藥物中毒的人拿刀追著跑，面對這種危急狀況也是因爲有體力才能過關。如果是老人家，可能就一命嗚呼了。我認爲**在當下花所能花的，去做只有現在能做的事情，是最奢侈又豐盛的金錢使用法**。

你去過池袋車站的西出口嗎？那一區有很多露宿者在路邊下象棋，每當我看到他們這樣的生活方式，心中有某部分會覺得「這種生活也不壞」。當然，露宿街頭是件很辛苦的事。不過，痛苦地做著不想做的工作，拚命忍下年輕時的享樂存了五百萬元，然後過著普通的老年生活，難道就不奇怪嗎？還不如即使沒錢、隨心所欲地下棋下到日落的老年生活還比較奢侈呢。與其爲了將來不知道哪一天會用到的儲蓄，不如現在享受當下的每一天，這才是有餘裕的生活。

被請客專家語錄

✪隨著年歲增長，金錢的價值就越低。

✪同樣的三十萬元，現在用跟老了以後再用，當然是現在花掉比較有價值。

✪不要想「以後再做」，現在馬上去做。

被請客專家遇到的請客者（一）

我的本業是「被請客」。我在推特募集想請我吃飯的人，但想請我吃飯必須符合以下之一的條件才行。

・社群網站的追蹤人數五千人以上。
・擁有非常有趣的經歷。
・博士畢業生或在學博士生。
・稀有職種（在職人數五萬人以下）。
・有無法跟別人說的祕密。
・擁有不輸給任何人的喜好。
・付我五千元。

通常我會先私訊聊一下，覺得有趣才會答應見面。為什麼要提出這些條件呢？因為這樣聽到有趣故事的機率比較高。

來請客的人各式各樣，有漫畫家、網紅、奧運選手，還有榮獲世界冠軍的超級名人，也遍及黑社會、身障者、外國人等各種階級。我的每一天就像看著社會的縮圖一樣，開心得不得了。

我不只靠推特募集，也會經由他人介紹，或是透過毫無關係的人事物引介。然後我將被請客聽到的故事，整理在收費的訂閱網站。我將有點奇怪的請客者所講的有點奇怪的故事，擷取其中最有趣的精華，寫成文章。

我很容易忘記別人說的話，所以用文字記錄也可當作是一種備忘，還能讓讀者體驗到被請客專家的日常。我既能吃飽，又不用成本，寫成文章還能賣錢，對我來說真是極致的訂閱服務。

我想介紹幾篇有趣的故事，摘錄為以下幾篇短文。

・負債累累的律師

他是新人律師，律師經歷才一年多。成為律師之前欠下五百萬元的助學貸款，因此每個月都要還兩萬元。

好笑的是，他負責的工作是「破產相關業務」。而前來諮詢的客戶，據說欠的錢都比他少，有夠好笑。

基本上，負債一百萬元以上就能申請破產。而且申請破產後，經過七年還能再申請一次。

他的薪資大約十萬，形式上是受律師事務所雇用，但其實比較像是個人事業。

不知為何，社會上有「律師很賺錢！只要當上律師就有好日子過」的刻板印象。但實際上，律師業卻是「七十歲的現役律師」「八十歲也不退休」「每年有一千五百名新人律師」的結構。怎麼看，律師都是不好做的職業。如果國家不變得野蠻，亂七八糟的事件不一口氣爆增的話，就不會有賺錢的律師。這就是律師界悲哀的現實。

他深陷在助學貸款的地獄，其他律師有父母支援學費，所以收入很好，每個月最少都有十萬元進帳。我想他幾年後也能不愁吃穿，但若不好好維持這個收入底線，要養家可能會很辛苦。

• 什麼都不做就月入十幾萬的女人

無肉體關係，她是一個月以十幾萬元被包養的認乾爹翹楚。

每個月都有富豪用十幾萬元供養她。他們沒有發生性關係，甚至連牽手也沒有。富豪四十幾歲，擁有幾千億的資產，據說是某個上櫃企業的老闆。她每個月的卡費，只要跟富豪說，就會有以「某某財團」名義的款項匯入。是所謂的有錢有勢。

月入十幾萬聽起來好像很多，但對富豪來說就像訂閱 NETFLIX，而且可能更便宜吧。

「每天LINE＋一個月一次午餐」，是她主要的工作內容。她給我看了與富豪的LINE對話，根本毫無內容，幾乎就是貼圖往返。這到底是什麼工作？

她跟富豪的關係維持了兩年，前陣子因為發生一些問題才斷掉。富豪總共跟五個女生維持相同的關係，而女生彼此就像後宮嬪妃一樣交好。

她的LINE群組有富豪＋後宮的，也有剔除富豪只有後宮嬪妃的群組，而她就是把要傳給後宮嬪妃的話，不小心傳到有富豪在的群組，之後好幾個月富豪都沒有聯繫她。而那句話據說是關於計程車費的謊報，太好笑了。

只好把這想成是「有錢版的NETFLIX」，一個月花十幾萬訂閱女生日記。

・暗黑海關人員

他在某機場擔任檢查旅客護照的工作，也就是海關人員。一天大約要確認五百到六百本護照，從早上十點工作到隔天早上十點，中間幾乎沒有休息時間。

二十四小時坐著勞動，光想就覺得不舒服。

雖然是這麼可怕的工作，但他卻是隸屬於法務部的國家公務員。起初他以為這是安定的公務員工作，殊不知是堪比貨運司機的黑心企業。

工作內容這麼暗黑，形式上卻是國家公務員，所以沒有加班費。據說是因為法務部的預算太少。航空公司作為營利企業，不斷增加航班；另一方面，政府卻因沒預算而不增加海關人員，導致現有的審查人員工作負擔增加。海關人員成為不斷被加害的被害者。當他笑著說：「奧運舉辦城市決定是東京時，我真的覺得大家都去死好了。」我感到了一絲寒氣。

然後，故事進展到比較深層的部分。他在海關做了四年後，有次看破了一樁偽造護照的案件。入境審查時，基本上外國旅客的護照，海關人員大多只會查看簽證的地方，他便抓住這一點，發現該名旅客只有簽證是真的，護照是假的。被他識破的那本假護照，已經兩次成功入境日本。由此可見，違法闖關的人數不少。被他識破的那名外國旅客在他面前哭了好久，最終仍然被遣返回國。

•脊椎損傷人士

他坐著電動輪椅登場。第一次有機會找可供輪椅乘坐者使用的店家，我覺得很高興。有滿多咖啡廳都設有無障礙空間。

頸椎是脖子部位的骨頭，在禁不起受傷的排行榜上算是前幾名。從孫悟飯被利庫姆打斷脖子那一幕就知道，你什麼都無法做，除非有仙豆。

而這位輪椅請客者，據他所說是自乳頭以下都沒感覺。原因是高中二年級時，跟朋友喝了酒，藉著酒膽潛入國小的泳池，想從柵欄邊跳水。但泳池裡沒水，一場笑不出來的意外。

頸椎損傷或是交通意外，通常可以獲得幾千萬的高額賠償；但因為他是自作自受，一毛錢都拿不到，父母也申請破產，現在靠著社會福利的生活保護與身障津貼生活，月入兩萬五。

如果入住社福單位就能不花一毛錢生活，但這些設施提供的飯菜難吃，外出也需要申請，所以他寧可花錢租房子。房租是一萬元左右。他說無障礙空間的房子貴得要死，根本住不起。

回去時我想到：「對了，那他要怎麼進票閘口？」我第一次去找輪椅能進去的入口，雖然找的過程很開心，但結果還是沒找到。

他的手指無法動，沒有握力，但因為有腕力，所以能用軟趴趴的手指輸入文字。讓我覺得好笑的是，連他都不用「語音輸入」。這功能到底有多不被需要！

另外，坐輪椅不方便做的事情，大概只有不能去酒店。也對，畢竟酒店大多都在地下室，要走樓梯。

他還告訴我他喪失了性興奮感，因此我介紹了性諮商師給他，希望他能早日獲得腦內性高潮。

被請客專家
@taichinakaj

之前請我吃飯的精神科醫師說，「憂鬱的人更要工作」「找到適合自己的工作模式，即使憂鬱症也能工作」「不論開多少處方箋，都只是治標不治本」「我以前也有憂鬱症」「最有用的心理特效藥就是錢，現金，金錢！哈哈」。原來治療憂鬱症最有效的是錢啊！

被請客專家
@taichinakaj

前陣子請我吃飯的重度戀童癖患者說，「戀童者其實很辛苦」「什麼都沒做就會被視為罪犯」「戀童癖是一種性癖好，所以改不了」「如果我跟你們說從明天開始，你們對異性不能以有色眼光看待，不然就是犯罪，你們能馬上將異性從性對象中剔除嗎？」

被請客專家
@taichinakaj

專攻心理學的學生請客者說，「言語暴力就是暴力」「被言語攻擊的人，對事物的處理能力與創意會降低60%」「目擊他人受到言語暴力攻擊的人，處理能力會降低25%，創意降低45%」。這或許是日本目前停滯的背後原因吧。

被請客專家
@taichinakaj

來請我吃飯、曾患憂鬱症的男子說，「我會得憂鬱症是因為沒錢」「我被沒錢的不安給擊垮」「不過我也發現就算沒錢，也沒有任何具體的困擾」「所以我在心中存放了一億元，憂鬱症就好了」。這樣的治療方式會不會太強了！

被請客專家
@taichinakaj

一天抽五包香菸的請客者說，「戒菸的成本效益太差了」「如果抽菸會早死，人生的醫療費用也會減少」「相反的，如果戒菸會活比較久，那人生的醫療費用就會增加，還會嘗到更多痛苦」「總之，香菸就是香」。他的最後一句話總結了一切。

被請客專家
@taichinakaj

住在發生過意外事故房子的人告訴我，「因為我不怕鬼，所以就想住住看」「房租又便宜很多，超棒的」「可怕的不是房子有鬼，而是對鬼屋無感的人開始越來越多」「人最可怕」。這個情報無誤。

第二章 關於人生跟生活方式之類的事

被請客專家
@taichinakaj

在丸之內工作的OL說，「因為上司的騷擾變得憂鬱」「吃藥也沒用」「開始思考怎麼樣才能用完美犯罪的方法把上司殺了。我發現只要有心，隨時都能殺掉他之後，憂鬱便不藥而癒了」。我希望這篇文能讓所有上司看到，拜託了！

被請客專家
@taichinakaj

請我吃飯的上班族說，「我在公司受到職權霸凌」「但當我表示我持有獵槍許可證後，主管人就變好了」「現在覺得生活痛苦的人，建議先去考狩獵執照」「狩獵執照是成本效益最好的資格」。彷彿是美國的社會結構。

「普通」的價值觀逐漸消失的世界

被請客專家
@taichinakai

來請客的天理教信徒說，「我從奈良來請你吃飯」「被請客專家在信徒之間很有名」「天理教的教義是助人為自助」「你做的事情卻相反」「但你卻做得很好，所以我就想我們到底在幹嘛」，哈哈哈。

在「個性化」受到矚目的世界，我們的社會還是在強調「普通」，重視「平均值」。近來支持小眾與個性化的聲量越來越大，營造出充滿個性的生活很棒的氛圍，但那只是部分有話語權的人引起關注而已。從整體來看，社會上還是充滿想要普通生活的人，他們是多數派，覺得普通才最舒服。

「普通」絕非壞事。在動物界，普通是死亡率最低、最舒服的生活方式。也就是說，普通不等於跟大家一樣、沒個性、無聊，而是生存的正確答案。

思考動物要怎麼樣才能不死掉，最好的方法就是普通的生活。在漫長的歷史中，「普通」在自然界發展到極致，至今仍是如此。如大家所見，呈現魚的形狀、嘴巴一張一闔，是魚最合適的樣子；昆蟲也保有各自的形體與生態，當牠們思考生存環境時，會發現最舒服的狀態就是「普通」。這樣的生活一旦受到約束，就會演變爲現在視爲理所當然的進化。獨角仙有獨角仙的生活方式，如果突然出現奇形怪狀的獨角仙，恐怕會立刻死掉吧。所以，**「普通」是件很有價值的事。**

保證安心安全的社會，就跟動物園一樣

人類也是一樣，從漫長歷史中找到適合土地與社會、生存率最高的生活方

式，就是「普通」。因此，就動物的生存方式來說，「普通」是最正確的答案。

不過，雖然對生物來說，「普通」是正解，但對人類而言，有不有趣又是另一回事了。

我去北海道的動物園玩時，看到小貓熊吃超多草的。跟動物園的工作人員聊了才知道，小貓熊一天要吃好幾公斤的草，而且要吃掉比身體大數倍的草量，所以一天就是以進食度過。於是我問，為何牠們要吃那麼多草呢？因為吃草很難攝取到營養。

假如我們靠進食攝取的營養素為一〇〇%的話，草大概只能提供一%。也就是說，吃草的效益非常差。所以不吃多一點就無法攝取到應得的養分，小貓熊要吃掉人的一百倍才行。這放在人類身上也說得通，若人要從蔬菜中攝取營養，也必須吃到足夠的分量才行。

而小貓熊只能一直吃草，就是因為經過環境與進化，吃草成為理所當然的「普通」結果。導致到現在，小貓熊還是一直在吃效益超差的飼料維生。

不過牠們已經不是野生動物，養在動物園裡，即使想吃肉或攝取有營養的食物也可以，但牠們卻仍然每天吃草。如果小貓熊有智商的話，我想牠們應該會放棄吃草吧。吃肉多棒？

在小貓熊界中，突然出現一隻開始吃肉的小貓熊，絕對鶴立雞群。

如果我們都是動物園裡的小貓熊，吃著跟隔壁一樣普通的草，應該不好玩吧？

在歷史洪流中，如果傳宗接代最好的方法是「普通」的生存方式，那麼現代人就是活在可以不管生存機率，**即使不「普通」也能活下去的時代**。

畢竟，人不像古時候那麼容易死了。

我們能夠攝取到各種養分，生活在安全的環境中；不會受到外敵的侵略而身亡，還有很多食物，不用吃草也可以很飽。安心安全的動物園，跟我們目前生活的國家社會，我覺得差異不大。

所以，我不是說「普通」沒用，而是在安全的社會，最合適的、普通的價值會越來越低。即使在動物園，跟其他動物不一樣、會做出奇特姿勢動作的，就會比較受到矚目，也能獲得較多關愛。

在這不容易死去的社會，我們沒有播種的危機，奇特的遺傳基因也能活得下去，所以奇特的人反而更容易得到寵愛。如果小貓熊有一天發現在這安心安全的世界，吃肉也沒關係時，我們也必須尊重牠們的選擇。

在動物園的我們，若是只爲生存而活，就會變成整天只知道吃草的小貓熊了。

被請客專家語錄

✪「普通」對動物來說，是最正確的答案。但對人類也一樣嗎？

✪在安心安全的社會，僅維持生命的「普通」將逐漸失去價值。

放棄是看起來沒用，但實際上最強的理由

被請客專家
@taichinakaj

請我吃飯的前上班族說，「辭職前真的怕得要命」「因為我覺得辭職了好像就會發生什麼事」「但是，真的辭職以後，擔心的事情一件也沒發生。反而發生了許多意料之外的趣事」「所以先辭職再說，這很重要」。不喜歡的事情，先放棄再說。

我沒辦法做一般人會做的一般事。

比方說，搭乘擠滿人的電車、在規定的時間行動、安排行程，以及穿襪子。

這些對社會人來說很正常的事情，對我來說卻是非常困難。

我是否曾因此而沮喪？老實說，沒有。我也不覺得這樣的自己不好，只覺得是自己做不到，也不會想跟他人比較。

對於自己做不到的事情，思考「爲什麼做不到」又有什麼意義？

許多人一肚子煩惱，都是因爲他們對無可奈何的事情想做些什麼的關係。最近「不懂放棄的人」受到各種讚揚，但**從個人的幸福度來看，懂得放棄才比較好**。做不到的事情，怎麼糾結也沒用。會思考放棄的人，對於做不到的事還比較算有辦法，至少就結果來說是前進的。

所以，對於做不到的事情，我會毫不考慮地丟進「沒辦法清單」中。

有了「沒辦法清單」，即使事情無法解決也不會感到沮喪。

會覺得「啊～這是沒辦法清單裡的事，我也沒辦法」，也可以轉換成「遲到在沒辦法清單裡，所以已經遲到了也沒辦法」。

雖說把失敗一兩次的事情放進沒辦法清單不太好，但總是犯下相同錯誤，儘管每次都後悔也一直在重複相同的失敗，這應該不是「下次注意就好」的事吧。

對於總是重複相同的失敗，應適時選擇放棄才能重新開始。

不管是多想做的事情，若做不到，放棄是最好的。越早放棄才能收穫越多，這才是幸福的選擇。

也就是說，關鍵在於你能否轉換思考：「雖然我很想住在豪宅，但現在做不到，所以先睡路邊好了。」只要是在土地或雪地上，或是草叢等柔軟的地方，有睡袋就可以了。木板或水泥地等堅硬的地方可能會有點辛苦。但像我這麼極端的人應該很少吧。

「沒辦法清單」就是給自己的反饋

當你有了「沒辦法清單」後，就可以過著即使清單上的事情發生也不困擾的生活。比方說清單中有「早上起不來」「討厭被使喚」，那麼你可以選擇做在家能做的工作，或是做Uber Eats也可以。

製作了沒辦法清單之後，你得將那些沒辦法的事情做成排行榜。無論怎麼努力也絕對做不到的事情是第一名，然後把拚一下可能做得到的事情放在下面的順位。遇到失敗的時候，更動一下清單的排行榜，你會意外發現有些原本做不到的事情，竟然有辦法完成了，就可以將之剔除。沒辦法清單上的事項越少，會活得越輕鬆沒錯，但任誰都有一些沒辦法的事，所以才「沒辦法」。

藉由製作清單，將做不到的事情可視化，便能重新認識自己的弱點。**人生中，持續明確地標示出「想做的事」與「做不到的事」是很重要的**。沒辦法清單就是一種反饋，能夠讓想做與做不到的事情變得越來越明確。

當然，你不需要放棄一切，也不需要對任何事都緊抓不放。

「放棄」看起來是消極的選擇，但對個人幸福來說卻是最強的指令，也是很簡單就能做到的事。明確分辨出能辦到與辦不到的事情後，常備著「放棄」這個指令就好。

被請客專家語錄

✪ 所有的煩惱根源都來自於「對無可奈何的事想做點什麼」。

✪ 製作「沒辦法清單」，配合清單上的事項生活就能提升幸福度。能做到的事情，再從清單上剔除即可。

✪ 不需要放棄一切。只要備著，在適合的時機使用。

跟欲望不一致的「目標」絕對無法達成

被請客專家
@taichinakaj

一流大學的首席畢業生請我吃飯時說，「當我說想創業時，被家人瘋狂反對」「對父母來說我就像電子雞」「對父母而言，他們的人生就是把養育長大的怪獸送進大公司的遊戲」。咦？電子雞是這樣玩的嗎？

很多人常說：「即使設立目標，也總是達成不了。」

我們都喜歡設立目標。新年目標、存錢目標等，我在接受媒體採訪時也經常被問到目標是什麼。而目標，也總是跟著「設立」這樣的字眼，這讓我感到十分不可思議。

因為目標，應該不是用來設立的吧？

對我來說，目標是以「想做那個」「想變成這樣」的欲望為基礎，是一件**自然發生的事**。也就是說，目標不是被設立，而是自然成立的。「設立目標」這句話，就像硬要做沒有欲望的某件事，有種被強迫的感覺。

要是原本就沒欲望，根本不會產生什麼目標。不明所以就將某件事設為目標，為刻意製造出來的欲望行動，是非常困難的事。這樣的目標達成不了也是理所當然的。

目標是將自己心中的意志具體化出來的東西，而不是從零到一的狀態。

以我為例，假設我有「獲得知識的興奮」的模糊欲望，為了滿足這個欲望，我開始和奇怪的人見面，由此獲得興奮感。接著理解欲望本身之後，「如何改善被請客專家這個系統，來集結更多奇怪的人」，歷經幾個階段，便能這樣成立目標。

將自己心中偏重的東西明確化，開始使「目標」產生機能。**目標跟願望，原**

本就是同根生，皆來自欲望本身。哀嘆無法達成目標的人，或許他們自以爲的目標，根本不是自己眞正想做的事情。

我們從小學開始，就被迫吟唱「目標」的咒語

每個人都依循各自的欲望而生的話，目標應該更多樣化才對。但是，從我的角度來看，發現大家其實都在設立差不多的目標，世上的需求也是如此，比方說「爲了買房子存錢」。所以，每個人都在不知不覺中混淆了目標與欲望。

爲什麼會變成這樣呢？我想，一定是「咒語」的關係。

咒語是需要重複吟唱的，跟誦經一樣。藉由重複吟唱相同的語句，來讓人變成那樣。就跟反覆說著「我就是這樣的人」「我是這種類型的人」，你就會越來越像你說的那樣，吟唱咒語讓你以爲自己就是那樣。

我們是從什麼時候開始誤以爲目標是用來設立的呢？應該是從小學開始的吧。

大人總是不以爲意地問：「將來的夢想是什麼？」「長大了要當什麼？」小孩子怎麼可能知道！因爲小學生的資訊來源太少，以職業來說，大概也只知道目前認知到的「YouTuber」「藝人」「棒球選手」「老師」「父母的職業」等。

在這麼少的選項中被逼著「設立目標」，孩子們只能在這五個選擇裡，看大人臉色說「我想當棒球選手」「我想變得像媽媽一樣」，重複這樣的答案，漸漸看不到自己眞正的欲望。

但不選的話，孩子們又會被罵，所以只好從眼前僅有的選項中挑一個講。之後到國中、高中，仍重複著同樣的「咒語」。考試也是一樣，「希望考上某某大學」；出了社會則是，「幾歲結婚」「存款三百萬元」「自己的房子」……這些都是咒語。

前面說過，目標不是用來設立的，是自然成立的。如果在面對欲望時沒有視野與時間，更沒有滿足欲望的解決問題能力及大量資訊來源，這種情況下產生的目標與原本的欲望將大大不同。

我能理解在那種狀態下決定的「目標」，經過如同咒語般的吟唱後，會讓人覺得「就是這樣」，自己也在不知不覺中被咒語給束縛。如果因爲無法實現的咒語而感到痛苦，只要不再重複咒語就好了。

設立目標的人就是被迫吟唱咒語的結果，他們揹負著不得不設立目標的謎樣義務而活，當他們看到「沒有目標的人」，會像父母被對方殺掉一樣猛烈批判。

不吟唱咒語的人顯得很怪，可是，我覺得在沒有欲望的地方設立目標更奇怪。「目標？哪有那種東西！」隨自己喜好自由生活的人，才眞正懂自己。

因此，對於「沒有目標」，完全不用感到羞恥或煩惱。沒有就沒有，做自己喜歡的事就好了。**目標是伴隨欲望自然出現的，不是多崇高的東西**。

這樣想的話，實現目標的方法，基本上也非常單純。有願望跟欲望時，去蒐集能夠實現它的資源，就是這樣。玩遊戲有想要的武器時，蒐集能製造武器的材料再拿去武器屋，就跟這一樣。沒有人會去煩惱「怎樣才能製造武器」。

「找不到目標」「無法達成目標」「不知道怎麼實現目標」，這樣的人必須從「不得不設目標」的咒語中跳脫出來，並且誠實地聆聽自己的欲望。

接下來，目標可能會「自然成立」，什麼都沒發生的話，就這樣生活也很好。管他的。

被請客專家語錄

- 不在沒有欲望的地方設立目標。
- 與願望不一致的目標絕對無法實現。
- 不要再吟唱咒語。

「行動力」是解析度很低的一句話

被請客專家
@taichinakaj

前陣子請我吃飯的知名YouTuber告訴我，「夢想只是企畫」「只要有企畫能力，人生就能變得很有趣」「我就是因為有企畫力」「所以我能做很多好玩的事，每天都很開心」「企畫力跟人生充實度成正比」。原來人生就是一場企畫。

「我要怎麼樣才能像被請客專家一樣有行動力呢？我有很多想做的事情，但總是無法付諸行動。」

我經常收到這種問一百遍的經典問題，而且即使聽到我的答案，問這種問題的人也永遠不會眞的行動。雖然我心裡這麼想，但還是思考了一下要怎麼解決沒有行動力的問題。

比方說，我每天去洗三溫暖，這跟有沒有行動力一點關係都沒有，只是因爲我很閒。如果一天只有二十小時的話，我可能就不會每天去洗三溫暖了。簡單說就是，人只要有閒有錢，就能輕鬆地付諸行動。

不然你看日本企業家前澤友作要去月球旅行，難道只是因爲他很有行動力嗎？不管我們多有行動力，也上不了月球吧？我們必須像他一樣，先從創立企業開始。然後你會發現自己沒辦法開一間像他那樣的大公司，但這結果不會有人因爲沒有行動力而責怪你。

也就是說，「行動力」這個概念，我認爲就像解析度很低、很模糊的東西。確保行動力的要素大致有兩個，「你有多想做這件事」以及「爲了完成這件事，現階段你擁有多少資源。如果沒有資源，爲了取得需要付出什麼」。

「有多想做」是自然的前提，如果不去想這個前提，那就只好準備時間跟金錢了。如果時間跟金錢也很難準備，就必須從生活成本中消除無用的事物。大家對「消除」這個說法可能會以爲是丟掉，但丟掉比獲得新的要難上許多，而且來得重要許多。不將多餘的東西移除就無法產生空間，生活也就沒有空隙，沒有空隙的地方什麼也進不去。沒有空隙，就無法開始新的事情。所以，面臨關鍵時刻，比起行動力，應該先決定自己心中的優先順位，先消除無用的事項。

另外，沒有行動力的人都有一個共通點，就是極度沒自信。搞不好他們是嘗試做超出自己能力範圍的事。做自己做不到的事情很累，如果沒有多餘的精力，基本上無法開始新的事情。哀嘆沒有行動力的人，我認爲不是沒有勇氣，只是他們試著去做自己做不到的事，並且所需的精力也不足夠。或許他們平時被其他問題（學校、工作、家庭、情人、朋友）追著跑，爲了解決這些問題耗費了太多精力，導致沒有餘力。

沒自信的事不要輕易出手。用電玩來比喻的話，玩「我超強」的遊戲就好

那麼到底該怎麼做呢？如果是我的話，我會做最少能拿九十分以上、有自信的事情。

對沒自信的事物不隨便出手耗費精力，把所有精神集中在不擔心懼怕、有自信的事情上。只要大量去做自己能做到的事，多數問題都能迎刃而解。

用電玩來比喻的話，就是只玩「我超強」的遊戲就好。如此，不但能有些許成長，也能提升程度。重複做得心應手的事情，精神上也沒有負擔，能做的事情自然也會慢慢增加。最終，就會產生行動力了。

讀書也是一樣。即使對某個主題不具備基礎知識，但只要閱讀數本相同主題的讀物，雖然有許多不清楚的內容，但原本就知道的地方能讀得更快。而重複去做這件事，原本懂的部分會變得更熟稔，不懂的部分則會一點一點地進入腦袋。

與其從頭開始閱讀完全不懂的領域，反覆閱讀相同主題，能量的消耗較少，且快速地重複閱讀，或許是精神負擔最小的讀書法。

所以，請不要再使用「勇氣」或「行動力」這種解析度低的話了。專注在符合餘力與心力的事物上，就能自然產生「行動力」了。

被請客專家語錄

- 無法行動的原因不是因為「沒有行動力」。
- 消除無用的事物，打造有餘力的空隙。
- 不輕易對沒自信的事出手。專注在毫不勉強就能得到九十分的事情上，自然能看見成果。

比起做喜歡的事，不如不做討厭的事

被請客專家
@taichinakaj

我覺得人生沒必要非得做「喜歡的事」，還不如維持「雖然不到喜歡，但做這件事也不會不開心」，這種生活有一百二十分吧。總之，人生要避免去做「絕對不想做的事」。我認為這種生活才是剛剛好的生活，也是比較能實現的。

最近好像流行「人生就是要做自己喜歡的事」。

這是人的本性，成爲流行也是理所當然。把喜歡的事情當工作做的人，結合了興趣與利益，而且看起來也比其他人要來得閃閃發光，感覺很帥。完全能理解大家也想變成這樣。

但若是每個人都去追求「喜歡的事」，結果應該會很辛苦吧。

因爲人生只做自己喜歡的事，這種人基本上都是瘋子。例如YouTuber就是這樣，他們要編輯自己錄好的影片、然後上傳，每天重複這個作業的人，如果不是瘋子應該做不到。

像我這樣到哪裡都可以睡覺，對美食沒興趣，只要有人請客吃什麼都好，喜歡聽別人說話，對各種類型的人感到興趣的，就能成爲「被請客專家」。但，不是每個人都想變成我吧？

對人類來說，喜歡的事物其實沒那麼多。所以當你決定只做自己喜歡的事情時，等於要活在僅有的選項之中；這種束縛遊戲，若是再加上賺錢會非常辛苦。尤其是藝術家氣質的人，對自己的堅持特別強烈，所以會更容易被喜歡的事物約束。「這個我不喜歡，所以不想做！」沉迷這種束縛遊戲是個人的自由，或許對某些人來說是一種樂趣，但卻不是現實的生活方式。

與其從一開始說，「哇！這是我喜歡的事！我想做！想一直做！」還不如積極地去做「嗯，要我做也沒差」的事情，反而會拓展人生的選項。這道理跟電動遊戲一樣，只玩喜歡的地方無法破關。增加能做的事情，機會也將自然增多。

將資源分配在擅長的事物上會比較快樂

重點是，不做討厭的事情就好。

輕鬆完成不喜歡也不討厭的事情，剩下的時間用來做自己眞正喜歡的事情，不是很好嗎？

不論你的人生是只做喜歡的事，或做著不喜歡也不討厭的事，大前提是，必須先搞清楚自己擅長與不擅長的是哪些。

然後再試著放棄不擅長的事情，將資源分配到擅長的事物上。如果去做不喜歡也不討厭、剛好又是不擅長的事情的話，只會效率太差。若是能將資源用在自己擅長的事物上，並大膽實踐他人做不到的戰略，人生一定能走在別人前面。

說到底，還是得有遠離討厭事物的意識才行。試著這麼做，你的每一天會變得很輕鬆。

被請客專家語錄

✪人生只做自己喜歡的事，只有瘋子才辦得到。

✪決定只做喜歡的事情，就跟束縛遊戲一樣不自由。

✪總之，對擅長的事物全力以赴，比較能有飛躍性的成長。

覺得人生好累，請先丟掉「可惜精神」

被請客專家
@taichinakaj

被自己困住的常見案例有，「因為我有醫師執照，所以不當醫生很可惜」「但我其實想做〇〇」。不去做那個〇〇才可惜吧？人生需要適當的「勞動停損點」。

雖然這樣說很突然，但我覺得撲克選手的思考方式，對人生超有幫助。撲克牌是十足看運氣的遊戲，玩家要用隨機發配的牌卡組成強牌。如果是象棋，專家絕對不會輸給一個素人，但撲克牌的話，老手是有機會輸給素人的。那麼，撲克專家為什麼會贏呢？

因為撲克專家貫徹「整體贏」的方式。不管中途輸多少都無所謂，他們仍會按照準確率玩下去。然後，他們會藉由玩無數次，將準確率提高。

即使遊戲中產生某種程度的損失，他們會藉由重複拓展，並持續保持以整體來說是勝利的準確率，在最後獲勝。也就是說，**撲克專家是以長期的觀點來贏取勝利，並允許一時的失敗**。

我們動不動就說「好可惜」，看到有人大學沒畢業就說，「好不容易考上大學了，沒畢業好可惜。」看到有人辭職就說，「好不容易找到工作，就這樣辭掉好可惜。」你應該也曾被這樣說過吧？

不過，這正是人生的陷阱。事實上，「可惜」本身，比任何事物都要來得可惜。

人生中應該放棄什麼，讓人煩惱的原因有很多。所以，「如果現在放棄，到現在為止的付出都白費了，很可惜。」這種想法才可惜。

從長遠的人生角度來看，那些至今付出的努力與時間，都只是一時的。若是被「一時的可惜」影響，就會像糟糕的撲克選手一樣，最終輸掉。不覺得，這才是眞正的「可惜」嗎？

丟掉「可惜」，是爲了整體勝利的一種選擇

從撲克博弈可以學到，執著於一時的結果，就會失去整體的勝利。

不管是在人生中或是撲克遊戲裡，徹底實踐整體勝利的戰略，以及爲了整體勝利而允許一時的失敗是很重要的。

如果眼前的某個選擇會讓你一時受損，但若這個決定能使你最終獲勝，就必須做出選擇。這樣的選擇意志比什麼都來得重要。

現在辭職的話，你可能會覺得「至今付出的時間與努力都白費了」，或許還會被周遭的人說閒話；但若放大到整體來看，這只是一時的損失，完全不是白費力氣的決定。

因此，當你這樣思考時，如何定義自己的「勝利」，便顯得格外重要。而爲

了達到這個「勝利」，你得判斷哪種選擇才能提升勝利的準確率。

覺得人生好累的人，請先整理你對勝利的定義。過程中如果出現「好不容易○○，放棄好可惜」的話，請重新思考，試著養成「雖然丟掉自尊輸了一時，但整體來看是贏」的方法。

覺得人生好累的人，請先暫時撤退，整體贏就好。

順帶一提，我是腦內啡人，以只要有趣就好的生活模式在過人生。對我來說的「勝利」，就是有趣。我好像把撲克專家說得很厲害，但我玩牌只是爲了看到厲害的人煩惱的表情，不是爲了贏錢。

總之，一時的可惜會成爲整體的可惜，請盡早停損。

搞清楚自己想要的是什麼，爲了達成自己想要的，該採取哪種方法，這樣就不會受短期的結果影響而忽悲忽喜，也能放長眼光追求長期的目標。所以，現在覺得人生好累的人，別廢話，趕快跳出「心累迴圈」吧！

被請客專家語錄

✪優秀的撲克專家輸小贏大。

✪至今累積的努力若不符合勝利標準的話，即使放棄也不算白費。

✪即使因撤退而導致一時失敗，如果整體來說是贏的話就是正確解答。

「不認輸、不放棄、不逃避」邏輯上一點都不正確

被請客專家
@taichinakaj

如果很辛苦，逃避就好了。聽起來很容易，其實很難。在時不時就有很多雙眼睛盯著的現代，「逃避」是最要緊的一場戰役。因為一旦逃避就會被當成笨蛋，就算沒被當成笨蛋，也會覺得自己像笨蛋。逃避就是為了克服這種感覺的戰役。

經常在很多流行歌裡聽到這些歌詞，「不認輸、不放棄、不逃避」。

就我個人而言，我對這些歌沒有意見，但在覺得自己快要不行時，反倒覺得

這些歌詞的反面意義才是最重要的。**也就是，「認輸、放棄、逃避」**。

有各式各樣「不行」的人來請我吃飯，看著他們，我發現一件事。在一個人快不行的時候，「認輸」「放棄」「逃得越遠越好」「放棄自己相信的」是非常重要的事。

我不認輸、不放棄、不逃避！如果你想這樣活，請自便。但是，不累嗎？每個人都有「快不行」的時候，這種時候咬牙堅持下去或許是很偉大的美德，但邏輯上大多不正確。在快不行的時候更要活得符合邏輯才對，不然可會鬧出人命。

首先要思考對你來說，什麼事會讓你感到快不行。如果是人際關係，那就立刻遠離那個對象；如果是工作，轉換跑道就好。認輸沒關係，放棄也沒關係，逃避更沒關係。

社會上有些人會強迫我們不能輕易認輸、不要放棄，但牛牽到北京還是牛，跟這種人有理也說不清。沒經過許可就擅自給我們不需要的意見的人，無視就好，但意外的是大家都會被這種意見牽著鼻子走。或許是因爲人家是好心給我們意見，如果不聽很沒禮貌的想法作祟，但事實上，沒有比強逼的親切要來得失禮了，所以無視他們的意見不算太沒禮貌。

基本上，會叫你不要認輸、不要放棄的，幾乎都是八竿子打不著的人，跟他們的人生一點關係也沒有。他們都是站著說話不腰疼的人。通常在社群網路，自視甚高發言的人，幾乎都是家裡蹲的學生或是有錢人。

有時也會出現那種希望改變對方的人，但絕對改變不了。

因爲要改變一個人是不可能的。事實上也做不到。在覺得不行時，唯有掌握控制權的自己才有辦法做些什麼。比方說，公司有一個很討厭的人，那個人是不可能變得不討厭吧？但若辭職又無法維持生活，只好在自己的能力範圍內跟對方保持距離，或是換工作，又或是抓到那個討厭鬼的把柄。在換工作已經沒有偏見的時代，沒有非得執著於一間公司的理由吧。如果難以開口辭職，拜託第三方開口或是想想其他辦法都好。

心中抱持著隨時都能不幹的意識

先思考有什麼方法可以不做不想做的事，明確想出「這樣做就能放棄」的手段。如此，我們就能保有「隨時都能不幹」的意識，面對一些不想做的事情時反而會覺得「好吧，做一下也無妨」。隨時保有撤退的意識是關鍵。

以前，來請我吃飯的丸之內ＯＬ說：「因爲上司的騷擾變得憂鬱，吃藥也沒用。後來開始思考怎麼樣才能用完美犯罪的方法把上司殺了。我發現只要有心，隨時都能殺掉他之後，憂鬱症便不藥而癒了。」

若是在以前，人與人的交往受到一定範圍的限制，辭職就等於跟認識的人斷了關係；但現在的網路時代，人跟人之間很輕易就能聯繫上，透過網路可以找到共同興趣的朋友或透過社群認識新朋友，根本毋須在乎身邊的人會怎麼想。即使如此仍無法跳脫「不能輸」想法的人，我想或許是眞的非常在意周遭眼光的人吧。

與其煩惱輸了別人會怎麼想，不如去思考輸了之後會發生什麼事。**別人絕對沒有你想的那樣對你有興趣**。我認爲有時候毫不猶豫地選擇放棄的人就是贏家。

對於無論如何還是想努力看看的人，可以事先決定好「如果不行的話就

○○」。

我的話是去洗三溫暖。在覺得快不行的時候，我會什麼都不想地去洗三溫暖。你要「一人卡拉OK」或是「大掃除」也行，做什麼都好。因爲不行的時候就是不行，這時強烈推薦吟唱形式的療癒系魔法。

被請客專家語錄

✪覺得快不行的時候，不放棄是很沒有邏輯的事情。

✪抱持著隨時都能不幹的意識，心情就會變得很輕鬆。

✪與其煩惱輸了別人會怎麼想，不如去思考輸了之後會發生什麼事。

找出喜歡的事物，就跟玩賓果遊戲一樣

被請客專家
@taichinakai

之前請我吃飯的外國情色專業部落客說，「我現在靠旅行跟做愛賺錢」「我本來就很喜歡旅遊」「所以我想，邊旅行邊報導各地的色情行業生態應該可以賺錢吧」「做了之後大受歡迎」「這五年來除了旅行跟做愛，其他什麼也沒做」。這才是真的做自己喜歡的事吧。

我常收到找不到自己喜歡、能全心投入的事情這類問題。

這就跟前面提到的「目標」很像，我也沒有什麼喜歡的、能全心投入的事

情。如果硬要說，大概就是洗三溫暖吧。但我對三溫暖也不到瘋狂的地步，所以也不能說是「喜歡的東西」，而且再怎麼喜歡也完全不會想要經營三溫暖。

要找到自己喜歡的東西，本來就不是件簡單的事情。

那些高聲疾呼「找出自己喜歡的事」的人，只是在人生初期剛好找到，所以講話大聲而已。因爲他們很早就找到喜歡的事，也花費了漫長的時間與金錢，所以才會成功。

要找到喜歡的事物，是需要時間跟金錢的。如果幼年沒有上過任何才藝課程，就能早早找到自己喜歡的事，是很奇蹟的。

那些找到「喜歡的事」的人嗓門總是很大，所以會讓你覺得做喜歡的事的人好像很多，甚至覺得要是沒有做自己喜歡的事就不行。**但是人其實沒有那麼懂自己，所以要精準找到適合自己的習性，同時能提供想要的經驗與情感的東西是很難的**。

嘶吼著「找到自己喜歡的！去找尋！去做！」的人，只是在很早階段就完成直線賓果而已。這些人出書，告訴你怎麼達成賓果，即使覺得爲什麼自己不是那樣，也無可奈何。

這並非是你本身的問題，純粹只是你還沒有那個機會、時機不對、運氣不夠，或是你還不知道什麼是自己喜歡的而已。所以，找到喜歡的事物是要花很多時間的，把這觀念放在心上比較好。

你還是想找到「喜歡的」？那就一直玩賓果吧！

想找到喜歡的事物，最好的方法就是持續玩賓果遊戲。「是這個嗎？好像不對？」像這樣持續去挖掘，碰到覺得有點興趣的，就試著做到膩爲止。這樣一來，或許在不知不覺中就賓果了也不一定。當你做著做著覺得不太對時，馬上放棄就好。只要持續挖掘每一條賓果路線，即使會花上比較多的時間，有一天或許有一次完成三條賓果的驚喜。

爲了找到喜歡的事物，而去看教人怎麼找到喜歡的東西的書，我覺得是最沒用的。那種書不管你讀多少本也絕不會找到喜歡的事情。爲了達成賓果，你只能

不斷去嘗試。

不過，以我的經驗來說，去聽「對自己喜歡的事物喜歡到發瘋」的人的故事，也能慢慢看見自己喜歡的東西喔。

來請我吃飯的人裡面，全心投入在喜歡的事物當中的人，他們的故事基本上都很有趣、很好玩。因爲他們夠喜歡，所以有很多我不知道也不懂的知識，聽著聽著我也會漸漸對那件事產生一點興趣。自己體驗不了的事物，藉由聆聽他人的經驗能產生模擬體驗，也能成爲遇見自己喜歡的事物的契機。與其去看教人怎麼達成賓果的勵志書，不如去讀各種領域的人以自己喜歡的方式介紹自己喜歡的東西，那種含金量高的專書較能拓展興趣的界線。

多多增加並接觸投入在喜歡的事物當中的人，或許就是找到「喜歡」的捷徑。

被請客專家語錄

✪要精準地找到喜歡的事物，基本上很難。

✪想找到喜歡的事物，最好的方法就是持續玩賓果遊戲。

✪接受投入在喜歡的事物當中的人的影響。

「自己的遊戲」，看別人的攻略也無法破關

被請客專家
@taichinakai

如果你找到想做的事情，已經是人生的大贏家了。但是沒找到想做的事，也不代表你就是輸家，因為輸贏只出現在想那樣比較的人身上。畢竟人生又不是在跟誰比輸贏，不需要跟人比較。

大街小巷充斥著「這樣生活」「這樣做你就是成功的上班族」，這種人生指南書。

搞不好這本書也會被歸類爲那種書，但是我對於教他人應該怎麼生活的「人

生指南書」一點興趣也沒有，也不推薦大家看。

以前有個洛克人系列的卡通遊戲，我超沉迷那個遊戲。當我第一次玩「洛克人4」時，還在網路上查了攻略。

可是攻略不管怎麼看都不對勁，仔細看才發現我讀的是「洛克人3」的攻略。喜歡人生指南書的人恐怕就像這樣，拚命看著不屬於自己的遊戲的攻略，找著哪邊有刊載自己的遊戲攻略法。

書上能當作參考的，只有與自己價值觀及手段一致的部分。若是直接參考結論，可是一點效果也沒有。

但是，無論成功者怎麼高談闊論成功的手段與方法，背後還是受到先天環境以及人脈、資產等影響，即使素人想按表操課去實踐，大多也會以失敗告終。

每個人活在世上都是在玩屬於自己的遊戲，很難找到能當作參考的典範是理所當然的。如果是玩洛克人4卻看到洛克人3的攻略倒還好，基本上每個遊戲的目的都不同，規則與進行方式當然也不一樣。你得自己去找出屬於自己的遊戲攻略才行。

當你覺得「應該」怎樣時，從這瞬間你的遊戲將變成垃圾遊戲

在接受各式各樣的人請客後，我發現人要接近幸福這個最終目標，得專注在理解自己「想做的事」和「能做到的事」。只要了解自己想做的事以及可以做到的事，一定不會有不幸的那天。相反的，現在感到不幸的人，可以說全都專注在這兩件事**以外**。

如果不知道要按哪個按鈕才能發動攻擊，遊戲就會不好玩；但若是不知道想透過遊戲達成什麼目標的話會更不好玩。自己的遊戲可以自己設定目標與規則，所以才有趣；若是再知道攻略的話，那就更樂不思蜀了。

既然如此簡單，爲什麼那麼多人找不到遊戲的攻略呢？

因爲他們受到「應該怎樣」的制約。他們在自己的人生遊戲中，帶入了「不得不怎樣做」「應該這樣做」的謎樣規則，讓遊戲變得複雜。如果知道自己想做

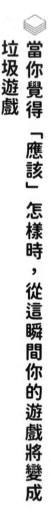

的事以及不想做的事，剩下的**只要好好玩就好；就因為去想「應該做的事」，才會讓遊戲突然變得乏味無聊**。

自己的遊戲攻略，匯集了很簡單的方法。或許就是因爲你看了各種遊戲攻略，才會越來越不知道怎樣去享受自己的遊戲。

被請客專家語錄

- 每個人都在玩不一樣的人生遊戲，沒有共通的攻略。
- 只要理解「想做的事」跟「能做到的事」就不會不幸。
- 當你覺得「應該」怎樣時，從這瞬間開始人生將變成垃圾遊戲。

以前流傳下來的習俗，成本效益其實極好

被請客專家
@taichinakaj

「老人公害」不是指因為年紀大變得跟老番顛一樣，而是指從某個時期開始停止思考，因為懶惰而不更新自己的價值觀，導致跟不上時代。老人公害是指那些停止改變的人。

大多數「習俗」被認爲很古板、麻煩、俗氣，但我認爲自古以來的習俗和在地特色的風俗，乍看之下好像很囉唆，其實卻十分合理。

比方說在電車上讓座給老人，就是一般認知的道德規範。道德倫理之類的

東西我眞的很無感，特別是「理當讓座給老人」。但是，如果老人明明就站在面前，要選擇無視繼續坐著或讓位，我認爲讓座是很划算的行動。

因為你只是站著，就能讓別人覺得你好偉大，這不是成本效益超高的嗎！基本上，電車不是坐就是站，機率各占五〇%，在電車內站著並不是什麼稀奇的事。

但是，你只是從坐著變成站著，一個動作就能獲得他人的好感。等於是以最小限度的勞動換取明確的報酬。再打個比方，假使我今天跟女生約會，偶然搭電車時碰到沒位子坐的老人，這時我馬上讓座肯定能讓女生對我的印象加分不少。

光是站起來，就能讓人覺得你很棒，這很不容易耶。當你讓位給老人時，說不定正好被公司的同事或朋友目睹。拿我來說，如果追蹤我的人剛好看到我讓座給老人，或許他會在推特上發文說：「被請客專家讓座給老人，人好好！」我完全是賺到。所以建議大家有機會一定要試試看。

「過節送禮」這個具有民俗風味的習俗，我也覺得非常合理。幾乎不用花到什麼錢，只要把收到的禮品再轉送出去，就能促進經濟，沒有比過節送禮更厲害的吧。

經濟不單是金錢上的連結，也包含了人與人之間的連結。有了組織，經濟才會轉動。以前的村莊時代，大家會分送蔬果，施與受的關係形成了社會；在現代則變成過節流傳下來。**無償幫助處境艱難之人的組織，我認為是必須珍視的劃時代風俗。**

打招呼，是超有效率的積德方法

然後是很多大人喜歡的「打招呼」。我沒有要討論不打招呼就不是成熟大人這種話題，而是想說：打招呼是很有邏輯的系統。可以確信，打招呼絕對不是壞事，因爲打招呼而讓他人認知到自己的話，當你遇到問題時說不定人家還會幫你。

打招呼只要說「早安」「謝謝」等固定句型，又不用花腦筋，毋須成本也不用努力。

而且只要會打招呼，在社會上、生活中還能獲得各種好處。我不是一般社會人士，無法舉出具體的範例，不過會打招呼跟不會打招呼這兩種人，絕對是會打招呼的人比較能受到禮遇吧。

千萬不要像我這樣對初次見面的人說奇怪的話，讓對方退避三舍。想要給人好印象還是打招呼吧。

像這樣讓人覺得「有必要嗎？」的謎樣規範，實際上是滿重要的。如今這樣的風俗習慣變得令人懷疑，只是失去了某種理由而已，**我認為打招呼及問候的習慣能流傳至今，是因為這原本就是一件ＣＰ值很高的事**。

對沒有宗教信仰的人來說，不太會有「積德」的觀念。在沒有信仰的條件下，要人無條件地去做好事，本來就有點勉強。但是，若可以免費積德，免費獲得他人的讚揚，不是一件心情很好的事嗎？而且個人評價上升的話，賺錢的機率也會增加。

也就是說，乍看之下很麻煩的事情，若能從中找出價值，人生將會變得很有意思。不過，打招呼、問好這種事，我是辦不到啦。

被請客專家語錄

✪長年流傳下來的一些無解的風俗習慣，其實是讓人活得更輕鬆、CP值很高的生活模式。

✪維持覺得麻煩的習慣，人生會過得比較好。

✪不要從道德面，從現實面去思考。

找到屬於你的「直立行走」

被請客專家
@taichinakaj

現在被稱為「強者」的人，在以前的時代可能都是「弱者」，其實端看你擁有的才能是否符合時代潮流。即使你現在擁有的技能不被重視，但不知何時可能會讓你變成強者。現在就是這樣的時代。

回溯人類的歷史，就能發現許多在現代不合理或是充滿矛盾的原因，所以我很喜歡讀歷史。

而人類最大的特徵就是，用兩隻腳直立行走。

人類原本跟猩猩、狒狒等靈長類共同生存於森林之中，但比起靈長類動物，人類卻不懂得爬樹。因爲不會爬樹，人類無法取得樹上的果實。

於是，人類放棄在森林生活，選擇在樹木較少的林地生活。如果是草原的話，人無法避免肉食系野獸的侵襲；在林地的話，競爭對手較少的同時，若遇到危急狀況還能爬上少有的樹上避難。因此人類是藉由移居林地，獲得直立行走的特徵。邏輯很簡單，移居林地之後，人類的主要食物已經從樹上轉變爲地上了。

物種生存的關鍵，在於留下多少後代子孫。因此對任何動物來說，生育都是最重要的。而爲了好好地養育後代，給予充分的食物是首要條件，但人類若是跟其他靈長類競爭樹上的果子，肯定無法獲得足夠的食物。所以，人類便開始直立行走，用空出來的兩隻手搬運更多的食物。如此，綿延子孫的機率也逐漸提升。（嚴格來說，無法直立行走的個體，綿延子孫的機率也隨之降低。）

用兩隻腳直立行走的只有人類，而這也是萬不得已的結果。因爲直立行走其實是件非常不方便的事，除了容易被肉食系野獸發現之外，跑得不快也逃不掉。最後要是不幸被野獸吃掉，更是賠了夫人又折兵。再加上爲了使腳部肌肉發達，產道因此變得狹窄，而大腦發展的同時也使頭部變大，因此就更容易難產，導致出生率降低。總之，為了綿延子孫的直立行走是非常不利於人類的。

儘管如此，人類還是因為不會爬樹而被逐出森林，必須在林地生活，也不得不採用其他動物不使用的直立行走這個不方便的手段，並想方設法讓生活更舒適。因為在森林的競爭中輸了，導致人類必須在其他社會生存，也因此獲得其他物種不屑一顧的直立行走寶貴技能。這技能大大影響了未來，使人類成為動物界的最高峰。

也可以說，社會上那些必須卻又做不到的事，成為人類獲勝的關鍵。人類對於當時「社會上必須」的「爬樹」，無法做到像靈長類動物那般，因此無法在「森林」的社會上生存。

無法做到理所當然的事也不用悲觀

現代社會上也有相同立場的人，比方說「無法早起的人」「無法將東西保存好的人」「無法安靜下來的人」「無法與人溝通的人」，這些人因爲這樣的原因被社會放逐。

但是看人類的歷史就能知道，即使做不到這些理所當然的事也不需要感到悲觀。因爲**人類就是靠著「做不到的事」，才活下來的**。在其他人做理所當然的事情時，去做不一樣的事，獲得不一樣的技能，甚至去做其他人絕對不會想做的事等。長時間持續下來，生活變得更適切，人類就是這樣成爲生物界的第一名。

我們每個人都充滿缺點。像我連襪子都穿不好，即使冬天也穿木屐。不要說擁有什麼東西了，連錢都沒有。我曾經輕輕鬆鬆就失去七位數字的金錢。但這樣的我，也能做到其他人絕對不會做的事。

所以，當自己做不到其他人都辦得到的事情時，完全不需要感到悲觀。相反的，更應該樂觀地去思考，接下來可以怎麼獲得「下一個直立行走」。我想這就是充滿缺點的我們理應採取的生存戰略。

雖然我沒有接受過精確的診斷，但我應該有發展障礙的問題。我也不知道要怎麼預約診斷發展障礙的醫院。

最近關注「發展障礙」的人似乎越來越多，我覺得是因為日本人的個性過分認真的關係。

我會這麼想是因為，在日本被視為發展障礙的特徵，在印度卻不適用。對，我是隨便說說的。

因為印度人超愛遲到。我在泰國認識的印度朋友，從來沒出現過。即使我們約好了，他不是遲到很晚來，是根本不來。對他來說這是很正常的事，他的反應是：「咦？也有不想去的時候啊！」當然，印度也有認真遵守時間的人，我只是舉身邊的例子來說，難免以偏概全。

只是對他們來說，完全沒有我們那種「對不起！我會遲到五分鐘！」的概念。因此對那些很會遲到的印度人來說，自然也不會想到「我很會遲到，可能是有發展障礙吧」。因為不會發現，也就沒這回事了。印度沒有人會因為太會遲到而認為自己有發展障礙。我好像在胡說八道，但之前來請我吃飯的醫生也說了一樣的話。所以這是醫師掛保證的言論。

總結來說，當發展障礙者在社會上所需具備的能力越多時，因難度增加，導致發展障礙者也越來越多。

老實說，社會上的各種標準也太高了吧？

成爲上班族是理所當然的觀念還是很強。所以，上班族理所當然不能睡過頭、理所當然要搭上擠滿人的電車、理所當然要在十分鐘前到公司晚兩小時下班、理所當然要拍廢物主管的馬屁、在公司聚餐假裝很開心也是理所當然，更要理所當然講一些口是心非的話。

這個理所當然的標準實在太高了。如果無法做到這些事的人就被視爲有發展障礙的話，那有障礙的人一定超多的啊！這社會對大家要求太多了。

當然，確實有發展障礙這個疾病，許多人深受其苦也是事實。也有不少人是在成爲大人後才發現自己做不到的一些理所當然的事情，其實是罹患發展障礙的關係。所以，接受正確的診斷並施以適切的療法，對「了解自己」來說也是很重要的一件事。

又扯遠了……總之，對於覺得活著很痛苦的人來說，找到屬於自己的「直立行走」，是革命性的一大步。

被請客專家語錄

✪人類就是因為「做不到的事情」才繁衍綿延的。

✪現代社會對於「理所當然的事情」標準太高了。即使辦不到也毋須在意。

✪做不到大家都做得到的事情，一點也不用感到悲觀。相反的，你將獲得只有你才有的「直立行走」。

被請客專家遇到的請客者（二）

來請我吃飯的人，可能因為我有事先篩選過，大部分都擁有獨特的生活方式，不論好壞，這些人也都具備獨一無二的技能與知識。有人因為一個突發奇想就賺到大錢，也有人反而因此失去所有。像知名企業及地下組織的祕密，這些不能隨便寫出來的東西都在我的付費部落格裡。

・與家人同住的特種行業女大生的生活實況

特種行業兼家庭教師，這個頭銜很棒。有一種不該交會的東西彼此相交了的感覺，我很喜歡。

所以這位請客者我立刻答應了。

「我在特種行業上班，卻有十一點的門禁喔（笑）。」雖說是跟家人住，但好像沒那麼單純。媽媽是過度干涉型的教養者，這位女大生必須報告每個行動，無論去哪裡都要附上證明照片用LINE回報，有段時間還曾被偷偷定位監視行蹤。

再加上，爸爸是超級古板的公務員。光是想像特種行業的風騷女子跟公務員共同生活的畫面，就令人忍俊不住。女大生本人也覺得很好笑。

「要獲得客人的指定，比起美貌，會撒嬌更重要。」她的特種行業戰略法很合理。她所在的特種行業是需要做特殊裝扮的那種，所以「情境」就顯得很重要。人設是必須的，她的人設就十分巧妙。首先她是十九歲，今年即將滿二十歲（當然是假的）。然後是處女。她所在的業界沒有肉體關係，所以處女的身分還說得過去。當然，這也是假的。

為什麼人設這麼重要呢？是為了讓那些花大錢的客人無法輕易涉足私領域。在日本，帶十九歲的女生開房間是犯罪行為，所以女大生可以用「等我成年了就可以跟○○先生……」「你要等我到那個時候喔」這些說法，來讓客人多花一點錢。說穿了，這就像「拍賣處女」，滿嚇人的。而且，你下標的商品永遠不會來喔。因為她只是披著處女的外殼。

而這樣的她，因戰略奏效的關係，有了花大錢的客人。只要她上班，有一位大叔就會買下她所有的時間——是真的所有時間。她上班八小時，大叔就買八小時。據說是因為大叔有強烈的占有欲，為了不跟其他男人分享，才出此奇招。這也展現出女大生驚人的掌握人心術。

那位豪氣的大叔，買下來的時間有一半都在聊天。也就是說，女大生只要說「你好辛苦喔」，聽大叔講話就好。雖然聽大叔聊天也是滿辛苦的，但肉體上的負擔少很多。女大生幾乎可以說是出租算命師了吧。

那位大叔每次都會帶很多超高熱量的甜點送她，她整整胖了十二公斤。但只要吃東西就能賺兩萬塊，就算變胖也很划算。而且吃東西的時間也算在買下來的時間內。

女大生為了多消耗時間，每次都會在大叔面前寫「自拍日記的回信」。自拍日記就像許多特種行業店家網站上更新的部落格。大部分的特種行業都會做這件事，客人看到日記後便會傳訊息過來。面對客人傳來的訊息，她刻意不用電腦回覆而是當場用手寫，以此產生獨特感，也藉機縮短了實際的工作時間。真的好聰明。於是我忍不住問這位掌握人心大師，都是如何釣到好客人。

「在第三次改變人設。」對特種行業的女子來說，人設至關重要。根據她的說法，第一次來店的客人，純粹要求爽度的消費比例較高；第二次來店的客人，則是要求能給予這般爽度的她；第三次來店的客人，才是真正為了「她這個人」而來。所以要在第三次鎖定人設。

人設簡單說，就是「有故事」的設定。故事當然是假的。隨便編個故事再加油添醋一番，獲取客人的同情，讓對方覺得「如果不點她的檯也太可憐了」「不然乾脆給她錢好了」。營造出「這種事我只能對你說」的氛圍，再不經意吐露悲情的故事。人類對共享的祕密非常脆弱，大叔就是這樣沉淪的。

‧同志賣相的精壯裸體模特兒

他是大學生，從事裸體模特兒的打工，主要是美術模特兒。在想描繪精壯人體的人面前，全裸擺pose換取金錢。
即使如此，還是會有人不為畫畫，專門付錢來看這些裸體模特兒，這些人也就是同志。
「有些人在吵什麼是有用的肌肉、什麼是沒用的肌肉，在同志面前脫光靠肌肉賺錢，才是真正有用的肌肉吧。」他說。
大家或許很容易想像這個畫面，同時有好幾位畫家圍繞著裸體模特兒，也代表，他能同時向好幾位畫家收取費用。他平均一人收取六百元左右的參加費用。這對同志來說，享受肌肉鑑賞會等於看一兩場電影的價格而已。
於是，他工作時，有一半的人是不畫畫的同志。據說他的長相在同志圈很吃香，所以工作時同志的比例越來越高。對了，他本身不是同志，所以在同志面前赤身裸體並不會讓他感到興奮，但也沒有厭惡的感覺。他的人生就是做著不討厭的事情，很棒。
曾經是裸體模特兒的他，現在從事牙醫助理的工作。在擔任裸體模特兒時，來欣賞他的同志當中有一位就是他現在的老闆，受到牙醫師的喜愛於是被雇用為助手。牙醫助理不需要任何資格證照，單憑牙醫師個人的喜好來決定人選。所以大家去看牙醫時，經常看到可愛的牙醫助理就是這個緣故。

他之所以會欣然接受牙醫助理的工作，是因為他剛好是「牙結石狂」，他很喜歡在YouTube看清除牙結石的影片。這是什麼怪興趣？

所以啊，這位牙結石狂因為做著「不討厭」的裸體模特兒，而獲得了能親眼看到清除牙結石的畫面，過著親自清潔牙結石的夢想生活。真的很棒。

來請我吃飯的人，都經過事前的溝通，我覺得有趣才見面；但沒見面的不代表這些人就很無聊。

他們對我來說就像目前社會上的平均值，讓我看到自己的所在位置。用言語來表達就是，有既視感、能簡單分類、擁有電視上看到的價值觀的人。

持續跟瘋狂的人見面，不計較好壞的話，會漸漸看不到自己的所在位置。我很享受社會的趨勢與流動，所以也經常提醒自己不能忘記初心。

被請客專家
@taichinakaj

來請我吃飯的超高級特種行業女子說，「我們的工作就是看一個人最噁心的部分」「不管一個人在社會上獲得多少讚揚，也一定有噁心的地方」「每個人都在拚命掩飾噁心的部分」「每個人都不一樣，每個人都噁心」。

被請客專家
@taichinakaj

之前來請我吃飯的新興宗教前任教主說，「宗教的必須元素是愛與恐懼」「宗教長期持續經營的訣竅在於，搾取信徒的金額不能超過年收15%」「飄浮在空中那種奇蹟式內容已經沒用了，現在的人沒那麼好騙」「宗教是可以創造出來的」，聽起來跟資生堂的廣告一樣。

被請客專家
@taichinakaj

中國籍的男性來請客時告訴我，「在中國很難生活，所以年輕人都喜歡跑到國外」「說日本年輕人不出國看看所以不行的人，那些人頭腦都有問題」「出國意願越低，不就代表自己的國家越豐盛嗎」「在中國若是在競爭中輸了，真的會死在路邊」，他還說壽司很好吃。

被請客專家
@taichinakaj

之前來請我吃飯一個喜歡八大服務的和尚說，「我會在交友軟體認識女大學生」「舉頭三尺有神明，我絕對不會對未成年出手」「因為罪惡感，在去寺廟前我會消除自己的記憶」「啤酒好好喝，肉也好好吃喔」，他彷彿吸取太多他人的煩惱，搞得自己變成煩惱化身成的妖怪了。

被請客專家
@taichinakaj

我問請客的六十五歲大叔，「年紀越大越難學習新的事物是真的嗎？」他說：「這是騙人的，說年紀越大越難學習新事物的人，只是年輕時就不喜歡學習然後變老的笨蛋而已。新鮮事物永遠是那麼迷人有趣，我也是因為這樣才找到你的啊！」好屌的大叔。

被請客專家
@taichinakaj

一個超愛集點卡的人請我吃飯時說，「失效率最高的集點卡就是『沒有期限』的點數」「人類很容易忘記沒有期限的東西」「就跟防災食品一樣」「所以沒有期限的集點卡，對發行公司來說是最有效益的」。「不容易過期的最容易過期」的反向操作，太有趣了。

被請客專家
@taichinakaj

東大學生請客時說，「經常聽到虧你還是東大的，怎麼這麼沒用」「接下來的人生不知道該怎麼辦」，我告訴他，「那你就成為支配會說那些話的人不就好了嗎？」我不知道他領悟到什麼，回去時的臉色非常難看，難道準備變成魔王了嗎？

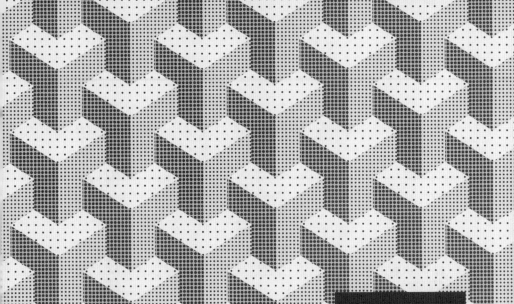

第三章 關於精神層面跟人際關係之類的事

被請客專家
@taichinakaj

之前來請我吃飯、沉迷偶像的四十五歲宅男大叔說，「追星讓我的人生改變了」「雖然我常被周圍的人說『都活到這把年紀了還那樣』，但興趣就是要到一定年紀，有了錢跟時間才好玩啊」「都活到這種年紀了，那些人連這麼簡單的道理都不懂嗎」，我覺得他好快樂。

被請客專家
@taichinakaj

剛剛來請我吃飯、從國外菁英大學畢業的女性說，「認乾爹已經落伍了」「現在流行認爺爺，即使沒有性行為也能拿到錢」「膀胱癌的人沒有性能力，所以是很好的目標」「順利的話還能繼承遺產呢」「年輕女孩還在浪費時間找乾爹喔？」，這彷彿是一種新的工作革命。

用年收高低、有沒有另一半、朋友多寡來判定人生的幸福程度，就跟炫耀養了幾頭牛一樣

被請客專家
@taichinakaj

我覺得大多數人都是信「普通教」，這不是一般宗教。普通教勸誘大家跟別人做一樣的事，信徒都過著一樣的生活。所以大家都去上大學，你也跟著上大學；大家都在找工作，你也跟著找工作；大家都加班，你也加班。就是這樣的宗教。

「朋友很多，朋友很少」「已婚，未婚」「年收高，年收低」等，我沒有真正出過社會，所以對這些標準沒什麼感覺。但根據請我吃飯的人所說，社會上似

乎有許多這種判定一個人過得好不好、幸不幸福的標準。

我一直以來都不跟人比較，也不活在哪種標準中，所以不曾感覺自己被打分數。大多是被黑粉罵、叫我去死而已。

說穿了，判定標準只是認同欲望的戰爭。端看如何面對「你看，我擁有的比你更多」這種表現欲望，是稱讚並接受，還是左耳進右耳出？人與人之間會產生比較，都是因為活在沒有信仰的世界。**在沒有信仰、沒有正確答案的世界，人們只能用擁有的東西來合理化自己的生活方式**。

被認同與否，取決於實力。在年收三百萬以上才叫好的世界，一半以上的國民完了；在已婚才正常的社會，獨身主義者沒戲唱；在現實生活過得多采多姿才好的世界，沉迷於虛擬玩物的人就ＧＧ。

在改變社會性質不容易的前提下，還是想參與這種社會的話，那只好遵從參加條件。如果你想參與的社會，最低條件是朋友要很多的話，只好去增加朋友。

從結論來說就是，參加的成本以及所獲得的是否能平衡。覺得參與某社會很愚蠢的人，根本沒有參與的需要，也根本不適合。

沒有信仰的地方就會產生比較

你聽過「多貢面具」嗎？

多貢是居住於西非馬利的民族，奇特的面具是他們的特色。對多貢人來說，面具就是他們的象徵，並以此爲傲。假如是我們的話，如果有人問你「你沒有面具嗎」，你不會生氣，也沒有任何感覺，只會覺得「對，我沒有面具」。

以前農耕民族會用飼養的牛隻數目來比較，但在現代，即使你說自己養了多少頭牛，也只會讓人覺得「好厲害喔」，僅此而已。意思就是，人對於跟自己生存的世界毫無相干的事物，即使他人如何炫耀也不會有任何感覺。

也就是說，**當你受到他人的評斷或比較而感到憤怒或悲傷時，代表你確實有一點在意這個被人比較的部分**。不過，比來比去是一場看不見終點也沒有任何利益的戰役，覺得爽的只有比較的那一方而已。

所以當你感到被他人判斷或比較時，只要告訴自己，這個人在炫耀養了幾頭牛就好，將對方的話左耳進右耳出，心情就不會受到影響了。

被請客專家語錄

- 在沒有絕對正義的世界，只能誇耀自己持有的東西。
- 被不同的價值觀評斷時，人不會有任何感覺。
- 炫耀自己的經歷跟擁有的東西，就跟炫耀養了幾頭牛一樣。

從不自由中找到自由，壓力就會減少

被請客專家
@taichinakaj

之前來請我吃飯的高級飯店從業人員說，「有很多無理的常客」「當時因為這樣經常感到憂鬱」「但是應付這些無理的客人會獲得額外的獎金，心態就會變成『咦？今天的獎金好多話喔』，憂鬱狀況也好轉了」。這真是巧妙的工作設計。

對我而言最容易產生壓力的事，就是「計畫」。

被請客專家的生活模式就是從與人的「計畫」開始，所以老實說，我也經常感到痛苦，因此偶爾也會有突然取消約會的狀況。因為依心情行事，所以也無法排定太遠之後的被請客計畫。

但為了被請客，預約這個「約定」是不可或缺的。所以，為了解決這個困擾，最近我開始執行「暫時預約」的制度。跟想請我吃飯的人約定時，都是暫時預約的狀態。心理上保持隨時都可以取消的狀態，計畫就不是計畫＝痛苦的對應法。

我想說的是，當你覺得不自由時，從中找到可以自由發揮的部分是很重要的。改變一點點形式上的做法或看法，生活中的壓力將會緩和許多。

在制約當中找到可自行決定的領域

思考如何消除壓力時，最有效的方法就是列出不自由的事項。首先要清楚定義讓自己感到不自由的事物。以我來說，我覺得不自由的是「計畫」，那就思考「計畫是什麼」。

對我來說，「計畫」是指已經決定好日期的未來預定。這樣的話，可以先取消決定日期，反正也不知道未來會有什麼變化，先計畫近期的行程。

如果有人跟我說，「一星期後的中午十二點請到池袋西口的咖啡店」，這就是絕對的計畫，也會令我感到無比煩躁；但若是說「大約十二點左右在池袋西口附近」，說法上增添一些隨興感，就會讓人感到輕鬆不少。

雖然不自由，但從不自由中找出自由的領域，就能緩解壓力。

要完全自由很難，但可以自行提升當中的自由度。我便是以「暫時預約」的形式來舒緩壓力，大家也一定能提升不自由中的自由。

之前在我心中絕對不自由的「滿員電車」，我曾經在推特上問大家有什麼方法可以愉悅地搭乘，獲得了「在什麼時間帶的第幾號車廂上車最好」的答案時，也讓我深深感到佩服。

在不自由當中找出一點點的自由與快樂，就能使生活變得更輕鬆一些。

被請客專家語錄

✪要消除壓力就得先定義對自己來說何謂不自由。

✪定義好之後，從中找出一點點自由的領域。

✪然後，生活就會產生新的樂趣。

所有煩惱都能用「關我屁事」來解決

被請客專家
@taichinakai

來請我吃飯的女生說，「當我決定好自殺的日程之後，面對所有事情我都抱著『反正〇月〇日就要死了』的心態，然後憂鬱症就好了」。這讓我想到，當你消極到超越某種程度時，就會進入反轉的世界。

當人要解決與自己相關的問題時，大多數人心態會萎縮，視野變得狹隘，平時能處理的事情會變得不知道怎麼解決。

這就跟面對他人的戀愛問題時，你會很理所當然地做出冷靜的判斷，「這男的不行吧！」「外遇是不對的」，但當自己碰到同樣的問題時，就聽不見周遭的聲音，也無法做出客觀的判斷。

推薦大家最好的解決方法就是，把所有事情都當作別人家的事。具體來說，也就是把問題當作很久以前解決過的事情來回顧即可。當你用現在的腦袋去思考現在發生的問題時，因爲你跟問題之間的距離太近，會看不見原本能看到的東西；但若是以前解決過的問題，就可以用未來的視角反推回去思考，「當時是用什麼方法怎麼解決的」，如此視野便會一下子拓展開來。

或許就是因爲我遇過很多人，被很多人請客，才知道沒有比別人的煩惱還要無聊的事（笑）。每次看當事人煩惱得要死，身爲陌生人的我站在第三者的角度，只覺得「有那麼嚴重嗎」，甚至覺得好笑。對那些認眞向我傾訴煩惱的人，我在這邊向大家道歉。

所有的問題，近距離看是悲劇，遠距離看便成喜劇，就是這麼一回事。

好好分配資源就沒有解決不了的事

把悲劇當成悲劇來看，除了消耗資源外也無法解決問題，但若徹底執行從第三者的角度或是遠距離看待，不管哪種悲劇都會變成喜劇。一旦變成喜劇，無論面對什麼煩惱都會覺得「怎麼這麼衰啊，好好笑」。接下來，冷靜分析這齣喜劇的要素，就能漸漸知道要怎麼解決問題了。最後只要付諸行動去實踐，就能解決啦。

順道一提，這個方法也可以反向運用，近距離地觀看遠距離的事物。如此可以對他人的悲劇產生共鳴，刺激並發揮自己的感性。推薦給想理解與感受他人痛苦的人。

不管人生中遇到什麼問題或事情，知道如何分配自己目前的資源就沒有解決不了的事。有多少錢、多少時間、多少體力、適合自己的方式等，綜合掌握各面向，正確分配可用的資源，我想這世上沒有解決不了的事情。

把問題當作別人的事，是從任何煩惱當中解放的萬能方法。

被請客專家語錄

✪發生問題時，用第三者或未來的視角來看就能浮現解決對策。

✪沉浸於悲劇之中只是在浪費自己的資源。

✪資源分配沒問題，就沒有解決不了的事。

比起會為我們做什麼的人，不對我們做什麼的人更要好好珍惜

被請客專家
@taichinakaj

人對他人的情緒在於程度的多寡，各種「討厭」也能瞬間變成「喜歡」；相反的，從喜歡變成討厭的速度更高達一二〇％。所以你現在超級喜歡的人，有一天也可能討厭得要死。

我偶爾會被問到有沒有喜歡的人。對我來說，只要不為我帶來不快的人，基本上我都喜歡。與其說喜歡，不如說是不討厭。

我不會把人分成「好人」「壞人」「普通人」，而是比較偏向「在身邊的人」「可以靠近的人」，以及「離我遠一點的人」。

講到「喜歡」，大家總是會不停往上加乘去加分，比如長得帥又風趣、溫柔。但我的標準不是，比起會爲我做什麼的人，我覺得不會對我做什麼的人比較重要。

也就是，對方不會從我身上要求什麼。比如，有些女性在找另一半時會提出「很會賺錢」「住豪宅」等條件。

負面關鍵字搜尋

像這樣，許多人會以「對自己來說的加分項」來找對象。當然，男性也會。但是正向搜尋能找到的十分有限，如果結果不如預期，可能還會一口氣變成大扣分。

因此我認爲，人應該從負面關鍵字開始找才適當。負面關鍵字什麼都可以，比方說「不說謊」「不干涉」。用「不會對我做什麼」來搜尋，會增加許多機會。而且對方不會做出你討厭的事，因此也不會有不愉快的感覺。

用負面關鍵字搜尋的好處還有，**你不會對他人有過多的期待**。如果對方對自己來說具備的都是加分項，就會開始產生期待，當對方「不帥了」「不風趣了」時，便會出現令人驚訝又不合理的憤怒情緒。

我沒有特別想跟某個人一直在一起的欲望，自己的心情取決於自身，也不會期待他人能爲我做什麼。所以與人相處時只要不討厭，基本上都沒問題。這樣一來，對待他人也不會有不耐煩的感覺。但會做很多讓我覺得討厭的事的人，還是滾得遠遠的比較好。

站在這樣的角度來看，比起會爲我做什麼或給予我什麼的人，不做讓我討厭的事的人比較重要。

例如，比起會打掃的人，不弄髒環境的人較難被注意到。這樣的人即使在身邊也很難發現，所以不要從太遠的地方找，從身邊的人際關係中去尋找。

「希望被喜歡」是一件非常情緒化的事情，要在大家面前維持「好人」的形象，成本高得驚人。

我認爲人與人之間原本就沒有善與惡的區別，只要保持適當的距離即可。放棄去做對自己或對其他人來說的「好人」，人際關係將會一口氣變得輕鬆許多。

被請客專家語錄

✪用正向搜尋去尋找期望的對象，符合的人非常有限，也容易因過度期待而導致失望。

✪人際關係就要用負面關鍵字去搜尋才剛好。

✪為了被大家喜歡，就必須符合所有人的搜尋條件，成本之高無以計算。

長大的屁孩最幸福

被請客專家
@taichinakaj

透過社群網路被各式各樣的人請客之後，我發現只有「不跟他人比較」的人，才能因為社群網路而感到幸福感倍增。除此以外的人，幸福感都是降低的。透過社群網路我們可以看到別人的人生，從他人身上學習的機會也變多了，但也看到了許多不該看的。

有時會被問到：「被請客專家會跟其他人比較嗎？」我可以很堅定地說，從來沒有。但是，我大致可以理解喜歡跟他人比較的心情。

這樣的人通常對他人的生活很感興趣。我是爲了滿足知識上的好奇心，所以對別人有趣的故事感興趣，對人本身則沒有太多想法，所以我對他人的生活抱持著管他媽媽嫁給誰的態度。也因此，在對他人沒有太多了解的狀態下，自然不會有想比較的想法。

所謂「隔壁的草地比較綠」，最近更是到處的草地都綠得不得了。因爲網路讓「隔壁鄰居」變得越來越多，比較的心態也一觸即發。

跟自己同年齡、同類型，讓你不得不仿效的人，一口氣增加了好多。IG要學網紅上傳時髦的穿搭照，推特也要學追蹤人數多的人上傳有品味的推文，學歷也要很高才行，年收入也不能比人少，還要做自己喜歡的事，要活得更自由……這些隔壁鄰居越增加，窺視隔壁草地的次數也就越多，因此人會感到沮喪是理所當然。

拿以前來說，即使有把臉塗紅或戴上面具跳舞這樣的生活風俗，只要學會這幾樣就能融入。

但現代可沒那麼容易。有IG的生活風俗、推特的生活風俗，還有臉書的生活風俗，這些網路上的住民接連成爲彼此的「隔壁鄰居」，不由得會電子化地去監視、比較、仿效他人。

不過，這些「隔壁鄰居」都是與自己毫無關係的人，成長背景與環境也有很大的差異。只是網路讓你們覺得彼此之間的距離很近而已，但基本上，是站在連模仿都很勉強的位置。再加上，網路上有無數的「隔壁鄰居」，要一個個去比較根本不可能。

在排名的世界，只有第一名才幸福

所以我覺得，長大的屁孩才是現在最幸福的人。

在鄉下長大，跟青梅竹馬一起幹壞事，去居酒屋喝酒，跟大家一樣生很多孩子，假日時以家庭爲單位一起烤肉玩樂。如果是模仿這種物理上近距離的隔壁鄰居，最終大家都會成爲長大的屁孩，彼此也不會產生太大的落差，每個人漸漸變得平均化。平均化就是指沒有落差，也就是**每個人都能擁有同等快樂的狀態**。隨著平均化的趨勢，大家會慢慢減少武裝，接近全裸，也就是以「原本的姿態」去生活。

據說有調查報告指出，長大的屁孩幸福感最高。與一百個IG網紅比較而感到沮喪，不如在自己的一方小小世界生活還比較快樂。

而且，我認爲網紅的幸福度應該不高。比自己火紅的人會不斷出現，一旦追蹤者增加了又會被酸民誹謗中傷，若是一般人應該老早就玻璃心碎一地了。據我所知，能把網紅做得長久的人都異於常人。我在網路上也被稱爲名人，但我的生活方式並不適合每個人。

不管怎麼說，跟他人比較也不是什麼壞事，與人比較也算是人類的本性。但是在比較的時候，不要去看自己比他人高多少這種沒有極限的方面，而是**在比較時看出自己獨特的價值**，這種比較方式除了多元之外也會感到幸福。在排名戰爭中，只有第一名才幸福。

被請客專家語錄

✪在社群網路時代，隔壁的草地看起來都特別綠，一直跟他人比較只會沒完沒了。

✪與他人比較而感到沮喪的人，學習長大的屁孩的生活方式會很幸福。

✪排名戰爭中只有第一名的人才幸福。所以，還不如找到屬於自己的幸福。

為什麼正義感越強的人，越容易成為霸凌者

被請客專家
@taichinakaj

當你覺得跟某個人合不來時，那就只是你跟這個人不適合而已，沒有其他的理由。所以完全不需要因為合不來就要給對方顏色看，或是扯對方的後腿，甚至讓對方感到痛苦。覺得跟某人合不來時，保持距離就是讓人生更愉快的訣竅。

在網路上很明顯可以看出，多數人喜歡盲目追隨有影響力的人或名人，對於跟自己意見不同的人則想徹底擊潰，比方「因爲某某人這樣說所以絕對是對的，

你不同意代表你有問題」。

在氾濫的資訊洪流之中，要讓他人關注自己說了什麼是很困難的一件事，所以懂得巧妙使用祈使句「去做○○！」「不要○○！」的人，會特別受歡迎。但也沒必要去遵從，這些話語沒有任何的強制性。**只要想「原來也有這種想法」就好**，一味地反擊跟自以爲的正義相悖的意見，不是很累嗎？

回想一下，學校班級發生的霸凌事件，通常都是由開學時看起來很有正義感的人主導。

這就像網路上，有些人在認同某個網紅之後，無論該網紅說什麼都是對的，其他的反對意見都是錯的，然後群起攻之。即使你覺得他人的行爲很奇怪，但也沒必要刻意去攻擊對方吧。

有強烈正義感的人，有「這就是正義！」的主軸，毫不動搖。這樣的人要維持「信仰」很難，所以經常會陷入危險的思考。就像是信奉宗教的瘋狂信徒。

他們的「正義」毫無依據，單純只是被他人輕易植入的想法；當他們對其他人感到違和時，就會以正義之名攻擊對方，好將自己的行爲正當化。信奉某個思想或某個人是很美好的事，但也容易掉入無法接受其他意見或生活方式的陷阱。

必須脫離父母這個「絕對信仰」

所有的問題根源或許都來自「父母」。

我們從小就把父母視爲唯一眞神去信仰，無法接受與父母教導的思想或行動相悖的他人；也有人覺得父母是我們的創造神，所以不聽話是自己有問題。許多人都有以上的困惑。

相反的，被惡毒雙親撫養長大的人，在聽聞彷彿惡親再現的意見或道理時，會失去理智地攻擊對方。

無論如何，父母在人生中占了很大的部分，現在也出現「媽寶」「爸寶」等新詞。

但是在接觸雙親以外的許多成熟大人之後，我們會認識到衆多的價値觀，也能自然理解「大家都是對的，大家也都不對」，能明白「絕對正確的那個人」是不可能存在的。即使是父母也會說錯話，逼迫孩子接受錯誤的思想。

如果不接受「不愉快」的存在，人生將會被不愉快所填滿。舉個極端的例子來說，看到蟑螂，相信會讓所有人都不開心，但若只是因爲這樣就開始在意地球上的所有蟑螂，你的人生將會被蟑螂所主宰。所以我們要接受蟑螂的存在，再想辦法怎麼樣能讓蟑螂不靠近。

我們跟蟑螂的距離是可測量的，所以很好掌握，但網路上流通的資訊，讓大多數人不知道怎麼拿捏距離。這從打著正義的名號，每天在網路上欺負他人的酸民身上就看得出來。

我認爲我們應該跟網路上的那些「宗教」保持更多距離才對。網路世界是網路世界，雖然對方跟我們說的是同樣的語言，讓人以爲彼此很接近，但實際上你們一生都不可能見面，對你來說是毫無關係的陌生人。

接受「不愉快」的存在或許不容易，但只要能理解這世上也有除了自己以外的正義，人生就會輕鬆一點。

基本上，**嚴苛對待他人的人，都是一直在勉強自己的人。不再勉強自己，對待**

他人自然就會溫柔起來；溫柔待人的人是不需要勉強的。你有多嚴苛對待他人，會直接反射回到勉強自己身上。對他人盡說嚴苛的話，好像是在教訓對方，但其實是**在教訓未來的自己**。

當心中的正義快發作時，只要試著想「對方是不同的教派，拿他沒辦法」，就能慢慢接受跟自己不同意見的人了。

被請客專家語錄

- ✪父母教導我們的「典範」不是絕對。
- ✪想脫離雙親的支配，就要大量接觸不同的意見。
- ✪如果無法接受不愉快的存在，人生只會越來越苦。

被討厭的人生才有趣

被請客專家
@taichinakai

想活得輕鬆快活，最重要的是「不討大家的喜歡」。想被很多人喜歡，就必須考慮各種情形，然後人生就會越來越累。活著自然會遇到不喜歡自己的人，從長遠來看，不喜歡就不喜歡，不刻意討好的人生才有品質。

前陣子來請我吃飯的人問我：「我好害怕被討厭，被請客專家你都怎麼面對這種問題呢？」當時我的回答如下——

「假使我被全國九九%的人民討厭，那剩下的一%還有二十萬人，人生中登場的人數都還沒這麼多呢。假使被七十億人討厭好了，只要有三個人是合得來、站在你這邊的，這樣就夠了。」

我如果害怕被討厭，就做不來被請客專家這件事了。我不怕被討厭的理由，大致的原因就是這樣。

無論是在人際關係或面對自己想做的事，甚至任何時刻，「不被討厭」的姿態都會摧毀一切。不管是多幽默的人，只要開始想「怎樣才能不被討厭」，就一點都不好笑了；即使是再好笑的笑話，用不被討厭的方式說出來就一點也不好笑。因爲網路而使接觸的人變多的現代，再怎麼努力不被所有人討厭，也毫無趣味和熱情可言。**當你開始被誰討厭時，也代表你能對誰投入熱情了**。

害怕被討厭都是自我意識太強烈的緣故

以不被討厭爲原則活著，就會看到很多無趣的人事物，人也變得無味。不在乎被討厭與否，以自己感興趣的事情爲優先，就能變成有趣的人。

每個人有不同的人生與價值觀，各自感受到不愉快的點也不一樣，因此想面面俱到是不可能的。即使顧慮到了，也不見得就能確保不被討厭，那還不如做自己更快活。

人格特質是無法改變的，也不需要去改變。與人相處時盡量展現自己的人格特質，跟能接受自己的人交往就好。我覺得朋友這種東西，少幾個完全沒差。爲了維持關係還得說出自己不認同的話，只是在浪費人生。

人之所以害怕被討厭，都是自我意識太強烈的緣故。**要讓他人對你產生興趣到討厭你，是很困難的一件事**。因爲討厭你而對你感到興趣的人，這種人非常非常少，完全不用擔心。

有人在推特拚命說我的壞話。那些人都是平時犧牲自我，爲了配合周遭人勉強自己去裝好人，而爲了排解日常的這種壓力，於是在網路上抨擊與他活得完全相反的我，說了一堆關於我的壞話後，他才能再度回歸日常，勉強自己當好人。

也可以說，我一邊被討厭一邊還爲社會做出了貢獻。我只是以自己覺得有趣的事情爲優先，卻不知道在哪裡又會被討厭；不過想到能維護這個包容的社會，就覺得成爲被請客專家眞是件好事。被討厭，眞的一點都不可怕。

被請客專家語錄

✪ 就算被九九%的人討厭，只要有一%的人喜歡你就夠了。

✪ 「不被討厭」的姿態是邁向無聊人生的第一步。

✪ 被討厭也是一種社會貢獻。

被笨蛋罵笨蛋，是一種讚美

被請客專家
@taichinakaj
被笨蛋罵笨蛋，跟被聰明人誇聰明一樣，有同等的價值。

使用社群網路時，經常會碰到「垃圾留言」。

「垃圾留言」就是垃圾程度的留言。從「去死」「討厭你」「滾」這類感受不到智商的詞彙，到只要跟自己的意見不一樣就說「不是這樣！」，網路上充斥著失控的論述和反對的意見，有各式各樣的垃圾留言。留言中有想要傷害我的，也有藉論述展現自我、表達存在感的。總之，我那追蹤人數近十萬人的帳號，每天都會收到各種垃圾留言。

對於垃圾留言，我的處理方式是一律封鎖。但是，我可沒因此感到憤怒或難過。我不是逞強喔！（笑）垃圾留言本身沒有殺傷力，不會揍人也不會奪走錢財；如果寫得有趣一點的話，還可以拿來當話題。對於突然出現的讓人不愉快的留言，根本不需要去看。

不過有個大前提，因爲我的價值觀與別人不同，即使被批評也不痛不癢。比方說，在越胖的人越美的國家，如果國王誇你很美，心情應該很複雜吧。相反的，以我的審美觀來說，在長得醜才流行的國家，如果被說長得不好看，那我會很高興。就是這樣。同樣的，被笨蛋罵笨蛋，根本就是一種讚美。

當你因他人的言論感到氣憤時，是因爲你覺得對方的價值觀跟你一樣，所以才會生氣，覺得自己遭到否定，產生彷彿被人戳中心事般的錯覺。

我們總是被要求跟多數人一樣。因爲出生在同一個鄉鎮，上同一所學校，擁有相同的時間，看著一樣的東西長大，所以每個人都一樣。怎麼可能？實際上每個人之間的差異，幾乎可以說是不同民族的人了吧。

而這種自己與他人之間產生的曖昧關係，在社群網路甚至實際生活中，便成爲垃圾留言的元凶。

寫下垃圾留言的人，根本不覺得電腦另一端是活生生的人，覺得都是些微不足道的人。因爲不理解，所以當他們被攻擊時，會覺得所有事情都跟自己有關，而受到**無謂的傷害**。

爲了不要成爲這樣的人，我們平時就要在腦中好好區分「跟自己有關」「跟自己無關」的事情。**而這世上跟自己真正有關的事情，幾乎沒有吧**。

好戰是人的本性

讓我覺得更不可思議的還有，持續傳送垃圾留言的人。

比方說討厭納豆的人，在吃迴轉壽司時看到納豆經過面前，也不會大叫：「我討厭這個！不要放上來！」拿自己想吃的，不喜歡的讓它通過就好。但是，網路的世界不是這樣。像迴轉壽司一樣看到經過眼前的推文時，有許多人會忍不住大喊：「我討厭這個！不要放上來！」

這樣的人有一定的數量，不但很難改變他們，又經常會引發令人不快又無聊的論戰，所以我乾脆把這當作是一種「社群遊戲」。就像運動會將學生分隊比賽一樣，人天生就有好戰的特質，想一較高下。垃圾留言就跟寶可夢的對戰一樣。

古代的獵巫和公審，在羅馬競技場進行的事，現今都被帶入了網路世界。只要是人都喜歡愉悅的事情，看人決鬥也會感到興奮。這樣想才發現，人類好像完全沒進步。但現代也沒有古代那樣危險，相信也很少人眞的因爲網路留言被殺吧。所以當你看到網上的無聊戰火又在蔓延，甚至遭到波及時，只要想「喔～是在玩羅馬競技場」就好了。

被請客專家語錄

- 將自己與他人的界線定得夠明確，就不會受到垃圾留言的影響。
- 在腦中好好區分「跟自己有關」「跟自己無關」的事情。
- 人類從有競技場的時代開始就沒進步，是喜歡戰爭的生物。

後記
討厭的事，隨時都能不幹

讀完這本書，不知各位覺得如何？大家覺得好看嗎？

最近「做自己喜歡的事」的價值觀，伴隨著實際案例，聲勢越來越大。雖然如此，要做自己喜歡的事還是很難。說到底，**大多數人根本不知道自己喜歡什麼**，但是，**大概知道自己不喜歡做什麼**。我認爲這種人應該比較多吧。

這樣也沒關係，生活方式與型態本來就因人而異。這本書只是提出了「不做討厭的事也能活得很好」的生活提案。**我們不需要成為名人，也不需要變成人氣YouTuber或是網紅**。**只要不做討厭的事，當魯蛇也很好**。**不需要擔心，就算被討厭也不會死，更不會被殺掉**。

希望透過這本書，讓覺得「活著就是必須勉強自己做討厭的事情」「人生根本不可能做自己喜歡的事」「雖然活得很痛苦但也只能忍耐」的人，能產生「沒想到人生可以這樣」「原來從一開始就沒有痛苦的事」的想法，即使只有一點點也好。

只要有得吃有地方睡，人就能活下去。要不然，只有睡袋也行，我推薦草地。如果沒錢，也不用擔心搞丟錢包。**只要活著就很好**。

而且，不管做什麼或是在哪睡覺，以現在的社會來看，人眞的死不了。有愛心便當，去政府經營的福利中心還有冷暖氣吹。因爲現代人浪費食物，多數家庭都有多餘的食材，若是幫忙清掃或許能獲得食物，甚至還能借住一宿。

說得極端一點，即使不做討厭的事情，人依然能活下去。根本沒有痛苦的人生，痛苦有八成都是自己的幻想。所以討厭的事，隨時都能不幹。我們沒必要勉強自己，依附配合周遭人的價值觀。就算是金錢，保有最低限度即可。工作也是需要時再去做就好。像Uber Eats的外送工作，自由度就很高，個人非常推薦。即使是打工族，只要不在意他人眼光都好。

依自己的步調去生活，搞清楚自己需要的東西，痛苦的人生將會慢慢改變。

與其做自己喜歡的事，不為討厭的事而活才重要。我認爲這是活在現代社會中很關鍵的觀念。

希望每位讀者都能再度認知自己討厭的事，不需要鼓起勇氣，也不需要下定什麼決心，只要心裡能有「完全沒問題，這些討厭的事我隨時都能不幹」這種想法，我就很高興了。然後，希望有一天能來請我吃飯。

最後，想告訴大家一件事。其實這本書不是我寫的，我只寫了前言跟後記。我覺得寫長文很累，所以沒有出書的計畫。當然，這本書的內容都是來自我的想法，只不過是透過其他寫手幫忙彙整，這本書的每一個字、每一句話都是我說的。所以你看！不做討厭的事還是能活得很好吧！

國家圖書館出版品預行編目資料

不做討厭的事，也能活得很好：3000人爭相請吃飯也要聆聽的另類人生觀／中島太一 著；胡靜佳 譯.
-- 初版. -- 臺北市：方智出版社股份有限公司，2021.07
208 面；14.8×20.8　公分. --（自信人生；173）
譯自：嫌なこと、全部やめても生きられる
ISBN 978-986-175-611-0（平裝）
1.人生觀
191.92　　110007968

Eurasian Publishing Group 圓神出版事業機構
用心與你對話・視野無限寬廣
方智出版社 Fine Press

www.booklife.com.tw　reader@mail.eurasian.com.tw

自信人生 173

不做討厭的事，也能活得很好：

3000人爭相請吃飯也要聆聽的另類人生觀

作　　者／被請客專家 中島太一
譯　　者／胡靜佳
發 行 人／簡志忠
出 版 者／方智出版社股份有限公司
地　　址／臺北市南京東路四段50號6樓之1
電　　話／（02）2579-6600・2579-8800・2570-3939
傳　　真／（02）2579-0338・2577-3220・2570-3636
總 編 輯／陳秋月
副總編輯／賴良珠
主　　編／黃淑雲
責任編輯／溫芳蘭
校　　對／胡靜佳・溫芳蘭
美術編輯／李家宜
行銷企畫／陳禹伶・林雅雯
印務統籌／劉鳳剛・高榮祥
監　　印／高榮祥
排　　版／陳采淇
經 銷 商／叩應股份有限公司
郵撥帳號／ 18707239
法律顧問／圓神出版事業機構法律顧問　蕭雄淋律師
印　　刷／祥峰印刷廠
2021年7月 初版

定價 270 元　ISBN 978-986-175-611-0　